ur.

Knaur.

Über die Autoren:
Anna Plaim, geborene Mittlstrasser, ist heute 83 Jahre alt. Im Mai 1941 wurde die Tochter eines Geschäftsmannes aus dem niederösterreichischen Loosdorf über Vermittlung ihres Münchener Cousins Zimmermädchen an Hitlers Berghof. Sie heiratete drei Jahre nach Kriegsende den Hauptschullehrer Karl Plaim, mit dem sie bis zu dessen Tod 1996 in Österreich zusammenlebte.

Kurt Kuch lebt und arbeitet als Buchautor und Journalist (bei *News*) in Wien.

Anna Plaim
und Kurt Kuch

Bei Hitlers

Zimmermädchen Annas Erinnerungen

Knaur Taschenbuch Verlag

Besuchen Sie uns im Internet:
www.knaur.de

Vollständige Taschenbuchausgabe April 2005
Knaur Taschenbuch. Ein Unternehmen der Droemerschen
Verlagsanstalt Th. Knaur Nachf. GmbH & Co. KG, München

Umschlaggestaltung: ZERO Werbeagentur, München
Umschlagabbildung: dpa/Heinrich Hoffmann, Kleindienst
Satz: Ventura Publisher im Verlag
Druck und Bindung: Nørhaven Paperback A/S
Printed in Denmark
ISBN 3-426-77758-4

5 4 3 2 1

Zum Gedenken an meinen
verstorbenen Mann Karl
und als Erinnerung für
meine Tochter Anna und
meine Enkeltochter Charlotte.

Anna Plaim
Loosdorf, im Februar 2003

»Eigentlich war's ein goldener Käfig. Für uns alle.«

Anna Plaim ist heute 82 Jahre alt. Im Grunde ist ihr Leben völlig unspektakulär verlaufen: Seit dem Tod ihres Mannes Karl, eines ehemaligen Hauptschullehrers, vor sieben Jahren ist sie Witwe. Zuvor war sie seit ihrer Hochzeit im Jahr 1948 ausschließlich im eigenen Haushalt tätig.

Und doch: Anna Plaim, geborene Mittlstrasser, hat viel zu erzählen. Denn im Mai 1941 war die damals 20jährige Tochter eines geschäftigen Wagnermeisters aus dem niederösterreichischen Loosdorf über Vermittlung ihres Münchner Cousins Zimmermädchen an Hitlers Berghof geworden.

Sozusagen »über Nacht« hat sie ihren Dienst in Hitlers Machtzentrum angetreten und dabei einen unverfälschten Einblick in das von der Öffentlichkeit damals völlig abgeschirmte Privatleben von Adolf Hitler und Eva Braun bekommen.

Schon kurz nach ihrem Dienstantritt am Berghof hat Anna Mittlstrasser damit begonnen, tagebuchartige Briefe an ihre Eltern zu schreiben. Insgesamt 37 tagebuchartige Briefe hat sie während ihrer Tätigkeit am Obersalzberg nach Hause geschickt. Und alle diese Briefe sind noch heute zur Gänze erhalten. Obwohl sie eigentlich der Zensur unterlagen, zeichnen sie ein einzigartiges Bild vom Leben am Berghof, das Hitlers privates Refugium heute als banales Spießeridyll und »goldenen Käfig« erscheinen lässt – vor allem für Eva Braun.

Während sich das Deutsche Reich im Angriffskrieg befand, der Massenmord an Europas Juden in den Vernichtungslagern mit äußerster Brutalität vorangetrieben wurde, während der Vernichtungskrieg im Osten und das Morden der SS-Einsatzgruppen die abgrundtiefe Menschenverachtung des NS-Rassenwahns offenbarte, während Millionen von Menschen verhungerten, erschossen, erschlagen und vernichtet wurden, herrschte am Berghof ein künstlich geschaffenes Idyll, eine scheinbar »heile Welt«.

In dieser »heilen Welt« am Obersalzberg herrschten Überfluss und Langeweile, Doppelmoral und Intrige, Oberflächlichkeit, aber auch bewusst zur Schau gestellter Prunk. Hitler, der 1941 in der deutschen Presse »zum größten Feldherrn aller Zeiten« hochgejubelt wurde, empfing hier unzählige Staatsgäste. Sie alle sollten beeindruckt und eingeschüchtert werden. So wurde – wohl auch, um Staatsgäste zu beeindrucken – um die Unsumme von rund 30 Millionen Mark ein imposantes Teehaus am 1834 Meter hohen Kehlstein errichtet, das von Hitler weniger als ein Dutzend Mal aufgesucht wurde. Gleichzeitig wurde in der Öffentlichkeit das Bild von »Hitlers Berghof« als einem schlichten, sauber hergerichteten Berghaus in rustikalem Stil aufrechterhalten. Sogar Ansichtskarten vom »Häuschen des Volkskanzlers Hitler« wurden unters Volk gebracht. Auch sie hatten nur ein Ziel: Hitler zum bescheidenen, einfachen Mann umzulügen.

Teil dieser Lüge war auch Eva Braun. Zum Zeitpunkt des Dienstantrittes von Anna Plaim war Eva Braun ständig am Berghof anwesend. Allerdings: Ihre Rolle als Lebensgefährtin Hitlers wurde der Öffentlichkeit vorenthalten. Wenn Staatsgäste am Berghof zu Besuch waren, musste Eva

Braun in die zweite Reihe zurücktreten. Sie wurde richtiggehend versteckt. Selbst für das Personal war sie nur die »Dame des Hauses«, das »gnädige Fräulein«.

Nach dem Beginn des Russland-Krieges Ende Juni 1941 ließ Hitler Eva Braun für lange Zeit alleine am Berghof. Er war weder fähig noch willens, ihr jene Liebe und Nähe zu geben, die Eva Braun zeit ihres Lebens von Hitler einzufordern versuchte. Schon zuvor griff sie zwei Mal zum extremsten Mittel, um sich Hitlers Aufmerksamkeit zu sichern: dem versuchten Selbstmord. Im Jahr 1932 versucht sie sich durch einen Schuss in den Hals das Leben zu nehmen. Ihr Abschiedsbrief schreckt Hitler auf. Einen Skandal kann und will er sich nicht leisten. Er gibt ihr jene Nähe, die sie sucht. Doch nur für kurze Zeit. Schon 1935 folgt der zweite Suizidversuch, dieses Mal mit 35 Schlaftabletten. Wieder will Hitler einen Skandal vermeiden und intensiviert den Kontakt zu ihr. Sein Leibfotograf Heinrich Hoffmann, der einst Eva Brauns Arbeitgeber war, kauft im Auftrag Hitlers ein Haus in der Münchner Wasserburgstraße. Und Eva Braun beginnt, sich auf dem Obersalzberg einzurichten. Trotzdem ist klar: Hitler bekennt sich nicht öffentlich zu Eva Braun.

Während er versucht, vom Führerhauptquartier und von der Wolfsschanze aus den »größten Feldherrn aller Zeiten« zu geben, langweilt sich Eva Braun in ihrem »goldenen Käfig« am Obersalzberg.

Dort ist zu dieser Zeit auch das Zimmermädchen Anna Plaim beschäftigt. Sie wird zu einer der engsten Kontaktpersonen Eva Brauns, ist nicht nur für deren Räumlichkeiten verantwortlich, sondern begleitet sie auch bei deren Ausflügen.

Eva Braun versucht, sich ihre Zeit am Berghof so angenehm wie möglich zu gestalten. Und Anna erlebt dies hautnah mit: Die Ausflüge zum Königssee und nach München verschaffen willkommene Abwechslung. Jeder Vorwand ist willkommen, um der Enge des Berghofes zu entkommen. Schließlich müssen ja auch Eva Brauns Hunde Negus und Stasi zum Hundefriseur. Eva Braun geht ihrem Hobby, der Fotografie, nach. Bilder, die ihr nicht gefallen, zerschneidet sie, wirft sie weg.

Das Zimmermädchen Anna findet diese Bilder und hebt sie auf. Genauso wie benutzte Löschblätter Hitlers oder einen heute einzigartigen, von Hand colorierten Fotoband über den Berghof. Heute sind diese Bilder und Dokumente, ebenso wie Annas Briefe, Teil dieses Buches.

Ebenso wichtig wie die erhaltenen Unterlagen sind jedoch Annas Erinnerungen als einzige noch lebende österreichische Zeitzeugin: ihre Erinnerungen an die Zeit am Berghof und die Protagonisten am Obersalzberg. Um diese Eindrücke möglichst authentisch wiederzugeben und dem Leser die Perspektive des Zimmermädchens Anna so unmittelbar, plastisch und direkt wie nur möglich zu vermitteln, wurde für dieses Buch die Form eines Interviews gewählt. Auch – und vor allem – deshalb, um die Dramatik der Ereignisse am Berghof so lebensnah wie nur möglich darzustellen.

Denn Eva Braun war durchaus Hitlers Lebensgefährtin. Aber erst ganz am Ende hatte sie ihn für sich alleine: Als er sie am 29. April 1945 heiratet, um danach gemeinsam mit ihr im Bunker unter der Reichskanzlei in Berlin Selbstmord zu begehen.

Bis dahin musste sie vor allem eines: in den Hintergrund

treten. Auch am Obersalzberg. Denn hier hieß der starke Mann Martin Bormann. Der radikale Anti-Klerikale war einst Stabsleiter bei Hitlers Stellvertreter Rudolf Heß, nach dessen Englandflug 1941 wurde Bormann Leiter der Parteikanzlei. Schon vorher war er für die Verwaltung von Hitlers Privatvermögen verantwortlich, was auch die Verwaltung des Berghofs umfasste, wo er ein eigenes »Haus Bormann« mit seiner Familie bewohnte.

Bormann gehörte zu Hitlers engstem Kreis, in dessen Abwesenheit er den unumschränkten Herrscher des Obersalzberges gab: Nicht umsonst galt Bormann auch als »Herrgott vom Obersalzberg«.

Dort hatten sich alle Bormanns Willen zu fügen. Auch Eva Braun. Und ganz besonders das Zimmermädchen Anna, das letztendlich durch Bormann vom Berghof entfernt wurde. Weil sie aus einer Familie von »Kirchgängern« kam.

Kurt Kuch
Wien, im Februar 2003

Anna Plaim

Mein Leben am Berghof Adolf Hitlers

»… und du sprichst mit niemandem darüber. Ist das klar?«

Das Gespräch mit Anna Plaim, geborene Mittlstrasser, setzt sich aus 23 Sitzungen zusammen, die zwischen Juni 2002 und Januar 2003 in Loosdorf stattfanden.

Wie wird ein 20jähriges Mädchen aus dem niederösterreichischen Loosdorf quasi über Nacht Zimmermädchen bei Adolf Hitler und Eva Braun am Obersalzberg?
Ganz einfach. Durch meinen Cousin aus München. Dazu muss ich Ihnen aber zuerst etwas über meine Familiengeschichte erzählen. Mein Großvater Johann Mathias

Zimmermädchen Anna Mittlstrasser. Diese Fotografie wurde im Jahr 1941 am Berghof aufgenommen, kurz nachdem Anna über Vermittlung ihres Cousins Willi Mittlstrasser und dessen Gattin Gretel ihre neue Tätigkeit angetreten hatte. Anna war als Zimmermädchen für die persönlichen Räumlichkeiten von Adolf Hitler und dessen damals noch »inoffizieller« Lebensgefährtin Eva Braun verantwortlich.

Mittlstrasser stammte aus Bayern und ging als Handwerksbursche – er war übrigens gelernter Wagnermeister – nach Österreich auf die Walz.

Nach einigen Stationen in Österreich – unter anderem auch in Wien – hat er sich schließlich hier in Loosdorf als selbständiger Wagnermeister niedergelassen und hat geheiratet. Als dann seine Frau starb, ist er plötzlich allein mit sechs Kindern dagestanden. Kurz danach hat er wieder geheiratet, ein älteres Fräulein namens Anna Gruber, die noch ein eigenes Kind in die sowieso schon recht große Familie mit eingebracht hat. Später bekamen die beiden noch ein gemeinsames Kind: meinen Vater.

Irgendwann hat sein Stiefbruder dann beschlossen, wieder nach München zurückzugehen. Er hatte einen Sohn, der auch Willi hieß und später eines der ersten Mitglieder

Anna im Kreis ihrer Familie. Annas Vater Franz (ganz rechts) war ein überzeugter »Schwarzer«. Seine politische und religiöse Einstellung sollte Anna später fast zum Verhängnis werden.

der NSDAP wurde. Damit kam mein Cousin schon mit Hitler in persönlichen Kontakt, als die NSDAP noch eine ziemlich unbekannte Kleinpartei war. Später war Willi bei der SS und in dieser Funktion am Obersalzberg beschäftigt. Er hat dafür gesorgt, dass ich die Stellung am Berghof überhaupt bekommen habe.

Sie wurden in Loosdorf geboren?

Ja. 1920. Mein Vater hatte hier einen Handwerksbetrieb. Eine so genannte Wagnerei. So etwas gibt es ja heute nicht mehr. Die Deutschen haben das früher »Stellmacher« genannt. Außerdem hatten wir eine kleine Landwirtschaft.

War Ihr Vater ein politisch aktiver Mensch?

Zweifellos. Er war Zunftmeister der niederösterreichischen Wagner und Landesgewerberat. Außerdem war er der Gründer der Wagnerfachgenossenschaft für Niederösterreich und auch deren Vorsitzender. Auf gut deutsch: ein überzeugter Schwarzer. Ein Christlich-Sozialer, der sich auch in der Bezirkspartei engagiert hat. Er war ein religiöser Katholik. Mein Vater war zudem ein Bekannter von Julius Raab, dem späteren österreichischen Bundeskanzler. Als mein Vater im Jahr 1958 starb, hat Raab, der damals gerade amtierender Bundeskanzler war, meiner Mutter sogar einen handgeschriebenen Kondolenzbrief geschickt.

Als mein Vater in jungen Jahren auf der Walz war, ist er zurück in die Heimat meines Großvaters gegangen. Nach

Bayern. Das ist deshalb wichtig, weil er damit deutscher Staatsbürger war und als deutscher Soldat in den 1. Weltkrieg eingerückt ist.

In Loosdorf galt er daher ein wenig als Deutschnationaler. Außerdem war er beim Deutschen Turnverein aktiv, der ein klassisches Sammelbecken für Deutschnationale war. Deshalb war es wenig verwunderlich, dass die Nationalsozialisten in Loosdorf später versucht haben, meinen Vater für ihre Sache zu gewinnen. Freilich vergeblich.

Aber zurück zum Halbbruder meines Vaters. Bis zum Anschluss Österreichs an Deutschland habe ich ihn überhaupt nicht gekannt. Bis 1938 hatten wir Loosdorfer keinen Kontakt zu unseren Verwandten in Bayern. Aber unmittelbar nachdem die Grenze gefallen und Österreich Teil des Deutschen Reiches geworden war, stand auch schon die Münchner Verwandtschaft vor unserer Tür. Denn in München herrschte zu dieser Zeit schon ein massiver Mangel an den verschiedensten Verbrauchsgütern, während es bei uns in Niederösterreich noch alles in Hülle und Fülle gab.

Erzählen Sie uns von Ihrem Cousin. Wie war das, als Sie ihn 1938 kennen lernten?

Nun ja, er war um einiges älter als ich. Das meiste über ihn weiß ich aus seinen eigenen Erzählungen. Ich erinnere mich noch, dass er sich meistens als ziemlich abenteuerlustigen Draufgänger dargestellt hat. Schon in jungen Jahren ist er von zu Hause weggegangen. Seine Eltern hatten damals ein Wirtshaus in München. Sein Vater war ein ziemlich kurioser Mann, den man heute wohl als »Original« bezeichnen würde. Das hat einige Loosdorfer so beeindruckt, dass sie sogar nach München gefahren sind, um ihn in seinem Wirtshaus »live« zu erleben.

Mein Cousin ist schon als junger Mann von München nach Hamburg gegangen, wo er sich einige Zeit durchge-

Willi und Gretel Mittlstrasser. Annas Cousin Willi stieß schon Anfang der Zwanzigerjahre in München zur NSDAP und kannte daher Hitler persönlich. Er genoss bei Hitler eine besondere Stellung, arbeitete mitunter auch als Fahrer des Führers. Willis Frau Gretel arbeitete als so genannte »Beschließerin« ebenfalls am Berghof. Sie war die unmittelbare Vorgesetzte von Anna.

schlagen hat, um dann als blinder Passagier nach Amerika zu gelangen. Das hat er Dutzende Mal so gemacht: Hamburg–Amerika und wieder zurück. Er war gelernter Fleischhauer und hat dann irgendwann eine reguläre Stelle auf einem Linienschiff bekommen. Jedenfalls war Willi schon in jungen Jahren in die NSDAP eingetreten und hatte deshalb eine sehr niedrige Parteinummer. Trotzdem würde ich ihn nicht als besonders politischen Menschen bezeichnen. Er war eben einfach schon Anfang der Zwanzigerjahre im unmittelbaren Umfeld Hitlers gelandet und kannte ihn vom Beginn seines Aufstiegs an persönlich.

Zum Zeitpunkt des Anschlusses von Österreich an Nazideutschland waren Sie gerade 18 Jahre alt. Wie haben Sie den Beginn der Nazizeit in Österreich erlebt?
Meine Erinnerungen an den Einmarsch der Nazis sind nicht die besten. Als deklarierte »Schwarze« waren wir ja bei den Nazis nicht sonderlich gut angeschrieben. Unmittelbar nach dem Anschluss haben wir uns deshalb große Sorgen gemacht, was da jetzt wohl auf uns zukommen würde. Das Ganze wurde natürlich noch schlimmer, als wir mitbekommen haben, dass die Nazis einen guten Freund unserer Familie abgeholt und verprügelt haben.

Danach hat es nicht mehr lange gedauert, bis sie auch meinen Vater abgeholt haben. Gemeinsam mit zwei weiteren Herren hat man ihn im Saal des Wirtshauses eingesperrt. Ich weiß das deshalb noch so genau, weil ich meinem Vater das Essen gebracht habe. Sie haben ihn dort ein paar Tage lang festgehalten. Er wurde dort wohl in keiner Weise misshandelt, ich habe das eher als Machtdemonstration verstanden, weil bekannt war, dass er kein Nazi war.

Also nicht gerade die idealen Voraussetzungen, um bei Adolf Hitler Zimmermädchen zu werden.
Das stimmt. Aber diese Stelle habe ich ja auch erst durch meinen Cousin Willi bekommen, der 1940 gemeinsam mit seiner Frau Gretel nach Loosdorf zu Besuch kam. Seine

Frau stammte aus München und hatte eine erstklassige Ausbildung im Hotelfach. Eine blitzgescheite Frau. Willi hatte sie am Berghof kennen gelernt, wo sie für Eva Braun gearbeitet hat. Und auch er war dort stationiert und als Fahrer bei Hitler beschäftigt. Jedenfalls führte sie ihre Hochzeitsreise zu uns nach Loosdorf. Meine Mutter hat sich sehr bemüht, eine gute Gastgeberin zu sein, was ihr zweifellos auch gelungen ist. Denn Willi und Gretel machten den Eindruck, als fühlten sie sich sehr wohl bei uns.

Sie erzählten sehr viel vom Obersalzberg und vom Berghof. Wie schön es dort sei und wie gut es ihnen gehe. »Dort wäre ich auch gerne«, habe ich dann zu Willis Frau Gretel gesagt.

Ich meine, wegen der politischen Vorgeschichte meines Vaters war das im Grunde völlig undenkbar. Ausgeschlossen. Allerdings war es ja schon Anfang 1941, wo man sich nicht mehr so ernsthaft dafür interessiert hat, wer vor dem Einmarsch bei welcher Partei war. 1941 spürte man die Euphorie überall. Heute kann man sich das gar nicht mehr vorstellen, aber zu diesem Zeitpunkt waren praktisch alle für Hitler. Bedingungslos. Der Krieg ließ einem gar keine andere Wahl mehr.

Dabei hatte Hitler schon vor dem Anschluss und dem Krieg eine Menge Befürworter in Loosdorf. Mein Heimatort war also von der allgemeinen Begeisterung für den Nationalsozialismus nicht ausgenommen. Ein Akademiker aus Loosdorf hat sogar all diejenigen finanziell unterstützt, die als Nazis nach Deutschland gegangen sind, als sie offiziell noch verboten waren. Ein junges Mädchen hat schon vor dem Anschluss auf der Straße Zettel mit Hakenkreuzen verteilt, bis ein Gendarm sie erwischt und sogar bestraft hat. Ich will damit sagen, dass viele schon seit Jahren von Hitlers Ideen begeistert waren; auch davon, Österreich an Deutschland anzuschließen. Andere hingegen haben sich Arbeit und Wohlstand von Hitler erwartet. Wie Sie wissen, war die Wirtschaftslage in den Dreißigerjahren alles andere als rosig. Es gab Arbeitslosigkeit und viel Elend, sogar Hunger. Ich denke, dass sich auch mein Vater innerlich langsam den Nazis angenähert hatte.

Was hat Ihr Vater damals zu alldem gesagt? Immerhin hat er seinem Neffen ja auch zugehört, als dieser vom Berghof erzählt hat.

Er hat sich ebenso wie ich für den Berghof interessiert. Außerdem haben wir natürlich immer gemeinsam Radio gehört. Propaganda-Sendungen. Ein Moderator hat meinen Vater ganz besonders begeistert. Ein Mann namens Fritzsche, der seiner Ansicht nach wunderbare politische Vorträge im Radio gehalten hat. Den Fritzsche, den wollte er hören. Ihm ist es irgendwie gelungen, meinen Vater, der an sich für die üblichen Naziparolen nicht zugänglich war, zu begeistern. Fritzsches Vorträge wirkten einfach sachlicher als die all der anderen Kommentatoren.

Und dann kam ein Anruf von Ihrem Cousin.

Mein Vater hatte damals schon ein Telefon. Plötzlich kam ein Anruf. »Vom Berghof«, hieß es von der Vermittlung. Es herrschte helle Aufregung, das kann ich Ihnen sagen. Denn wer bekommt schon jemals einen Anruf vom Berghof? Anni, du kannst auf den Berghof kommen, hieß es. Kurze

Zeit später habe ich einen Brief bekommen. Ich sollte mit dem Zug nach Salzburg fahren, wo man mich abholen und anschließend zum Obersalzberg bringen würde. Auch mein Vater war begeistert. Heute kann man sich nur schwer vorstellen, was diese Nachricht für unsere Familie bedeutet hat: Unsere Anni kommt auf den Berghof!

Gretel Mittelstrasser. Sie führte als Chefin aller Zimmermädchen ein strenges Regiment am Berghof und war für ihr resolutes Auftreten bekannt. Gretel hatte ein besonders enges Vertrauensverhältnis zu Eva Braun. Schon an Annas erstem Arbeitstag legte sie Anna das Verhältnis von Hitler und Eva Braun offen. Aber sie verpflichtete Anna auch zu absoluter Verschwiegenheit.

Wie haben Sie reagiert?

Um Himmels willen! Was soll ausgerechnet ich am Berghof? Ich war verzweifelt. Zwar hatte ich mir das zuvor noch gewünscht, trotzdem konnte ich mir absolut nicht vorstellen, was ich dort tun sollte. Gretel, die Frau meines Cousins, rief noch einmal an, und im Gespräch antwortete sie auf meine Frage, was ich denn dort tun solle, ganz trocken: »Dann wirst halt Köchin.« Aber das machte es für mich noch schlimmer, denn ich konnte ja gar nicht kochen – mit Ausnahme österreichischer Hausmannskost, von der ich mir nicht vorstellen konnte, dass sie dort erwünscht wäre. Ich habe das der Gretel auch gleich erklärt. »Dann kommst halt einfach so. Wir werden schon was finden. Dann gehst halt als Zimmermädchen«, war ihre Antwort. »Komm einfach.«

Was haben Ihre Eltern dazu gesagt?
Die waren erfreut, dass das möglich war. Mit Politik hatte das überhaupt nichts zu tun. Sie waren einfach nur stolz, dass »ihre Anni« an den Berghof sollte. Wenig später, Ende Mai oder Anfang Juni 1941, nahm ich dann den Zug nach Salzburg. Ich weiß noch, dass der Zug völlig überfüllt war, überall Soldaten. Als ich in St. Pölten in den Zug einsteigen wollte, gab es keinen einzigen freien Platz mehr.

Also bin ich zum zuständigen Fahrdienstleiter gegangen und habe ganz forsch erklärt, dass ich dienstlich am Obersalzberg erwartet würde und unbedingt in diesen Zug müsse. Das hat gewirkt, denn daraufhin hat er mich sofort in die Erste Klasse gesetzt, obwohl ich gar keine Fahrkarte dafür hatte. Am Bahnsteig in Salzburg kam dann schon die Gretel auf mich zu. Sie wurde von einem großen Mann in Zivil begleitet, der den Wagen chauffiert hat. Er stellte sich mit Döring vor. Er war der Hausverwalter vom Berghof.

Es muss doch enorm beeindruckend gewesen sein, mit eigenem Wagen und Chauffeur abgeholt zu werden.
Allerdings. Vor allem, als ich den Wagen gesehen habe: ein Steyr, mit dem wir dann von Salzburg nach Berchtesgaden gefahren sind. Das war übrigens eine überaus denkwürdige Fahrt, die schon kurz darauf in die Schlagzeilen kam und schließlich vor Gericht endete.

Warum das?
Das war eine ganz große Sache. Denn an einer großen Kreuzung in Berchtesgaden ist uns eine Radfahrerin ins Auto gefahren. Es gab eine riesige Aufregung. Eine Radlerin wird vom Hausverwalter des Führers überfahren. Mehr gibt es dazu wohl nicht zu sagen. Wir haben noch an der Unfallstelle Erste Hilfe geleistet, anschließend wurde die ziemlich schwer verletzte Frau ins Spital gebracht. Das Wort »Schädelgrundbruch« ist mir noch deutlich in Erinnerung. Und schon ein paar Tage später stand die ganze Geschichte in den Zeitungen. Und dann gab es auch noch ein Gerichtsverfahren. An sich war die Geschichte ja ganz einfach: Der Döring, immerhin Verwalter am Obersalzberg, hatte die Radlerin nämlich überfahren. Die Schuldfrage war somit eindeutig geklärt.

Verstärkt wurde die ganze Aufregung auch noch dadurch, dass Hitler genau zu dieser Zeit persönlich am Berghof war. Sein Leibarzt fuhr sogar selbst ins Spital, um sich um die Radfahrerin zu kümmern, die eine Kopfverletzung erlitten hatte, und ihr einen großen Blumenstrauß von Hitler zu überbringen. Damals habe ich einen ersten Eindruck davon bekommen, was es bedeutete, wenn Hitler am Berghof war: Alles hatte perfekt zu sein, überall war SS, alles war auf »den Führer« ausgerichtet. Hitler hielt Hof. Und das beeindruckte nicht nur ausländische Staatsgäste.

Ein paar Wochen später kam es wegen des Unfalls zu einer Gerichtsverhandlung in Hallein, bei der Gretel und ich als Zeugen aussagen mussten. Wir waren fesch gekleidet und geschminkt, was damals noch nicht üblich war. Wir stehen also im Gerichtssaal, einem kleinen Raum, und ein junger Richter, vor sich ein Kruzifix und zwei Kerzen, befragt uns nach dem Unfallhergang. Nach der

Herbert Döring (ganz rechts). Er war der Verwalter des Berghofes. Dieses Foto entstand unmittelbar nach Annas Ankunft am Berghof. Im Hintergrund ist jenes Auto zu erkennen, mit dem Anna in Salzburg vom Bahnhof abgeholt wurde und mit dem Döring den folgenschweren Unfall verursachte. Ebenfalls zu sehen: Gretel Mittlstrasser (2. v. r.) und ganz links der Filmoperateur Ellerbeck und Zimmermädchen Anna (2. v. l.)

Verhandlung lachen Gretel und ich darüber, dass wir den Richter mit unserem feschen Auftreten anscheinend völlig in Verlegenheit gebracht haben. Übrigens: Die Radfahrerin wurde verurteilt und hat eine Strafe bekommen.

Was hat Sie bei Ihrer Ankunft am Obersalzberg eigentlich am meisten beeindruckt?
So lächerlich das klingen mag, aber das war die Küche. Denn das war die mit Abstand größte und am besten ausgestattete Küche, die ich bis dahin zu Gesicht bekommen hatte. Für Leute, die einen Hotelbetrieb kennen, mag das nichts Besonderes sein. Aber ich war bis zu diesem Zeitpunkt kaum aus der nächsten Umgebung meines Heimatortes herausgekommen. Außerdem gehörte die Küche zu den ersten Dingen, die ich nach meiner Ankunft zu sehen bekam.

Am Flur vor der Küche ging's hektisch zu. Überall war Servierpersonal von der SS, ungefähr zehn große, junge Männer, würde ich sagen. Alle hatten weiße Uniformen an. Denn wenn der Führer am Berghof anwesend war, durfte ausschließlich die SS servieren. Außerdem hatte ich noch nie zuvor eine so genannte »Klingeltabelle« gesehen. Auf dieser »Klingeltabelle« ging ein Licht an, wenn einer der Gäste auf seinem Zimmer nach dem Personal läutete.

Am besten wird es aber sein, wenn ich Ihnen einfach aus meinem ersten Brief vorlese, den ich an meine Eltern geschrieben habe:

»Liebe Eltern. Ich habe zwar versprochen, gleich am ersten Tag zu schreiben, aber bei diesem Betrieb hier ist es nicht so möglich, wie man sich das so vornimmt. Die

Ankunft am Berghof. Anna war von ihren ersten Eindrücken überwältigt. Bei ihrem Eintreffen am Berghof war Hitler persönlich anwesend. Und das bedeutete: Es herrschte Hochbetrieb. Die SS war aufmarschiert, um bei Staatsgast König Boris Eindruck zu schinden. Während Hitlers Anwesenheit rückte alles andere in den Hintergrund. Auch die Mädchen. Denn für Hitler servierte im Speisesaal ausschließlich die SS.

Herfahrt war ziemlich schlecht, das heißt, dass ich in St. Pölten fast nicht mehr in den Zug einsteigen durfte. Vierzig Personen mussten zurückbleiben. Ich sagte aber, ich fahre dienstlich zum Berghof, und schließlich ging es doch.

In Salzburg habe ich nicht gleich jemanden gesehen, und so blieb ich eine Weile vor dem Bahnhof stehen, aber dann kam schon Gretel mit Döring dahergesaust und sagte, dass sie mich schon lange suchte. Der Wagen, mit dem sie mich abholten, war ganz prima. Als wir ein Stück außer Salzburg fuhren, gab es leider einen Unfall, eine Radfahrerin fuhr uns direkt von der Seite in den Wagen. Sie hat Schädelgrundbruch. Gretel und ich leisteten gleich Erste Hilfe. Es war ziemlich aufregend.

Im Berghof selbst (dazu gehören ja mehrere Häuser) ist es sehr schön. Ich bekam gleich einen Ausweis, den ich jetzt immer bei mir tragen muss. Sogar Gretel muss ihn noch immer den Posten vorweisen. Die abgelegten Kleider bekam ich gleich von Gretel. Sie trägt jetzt nur mehr dunkelblaue. Wir tragen rot-weiß karierte Dirndl mit weißer Schürze und rundem Kragerl. Jetzt bekommen wir aber dunkelblaue Seidenkleider und Putzschürzerl. (Nett sehen wir schon aus.) Es sind im Ganzen vier Zimmermädchen, zu denen ich jetzt auch gehöre. Aufstehen ist um 7 Uhr, dann geht es in die Zimmer.

Meine Aufgabe ist es, gleich im Speisesaal (Karte liegt bei) alles auf das Schönste und Genaueste zu machen. Geschirr aufräumen besorgen die Diener. Die sind ganz elegant (SS-Männer). Ungefähr zehn an der Zahl. In einer Stunde bin ich dann ungefähr im Speisesaal fertig, und dann geht es mit den anderen Mädchen in sämtliche Zimmer, die Ihr auch auf den Karten seht. Ihr habt ja keine Ahnung, wie viele und große Gänge es da gibt. Ich kenne mich jetzt noch nicht einmal ganz genau aus! Gäste gibt es momentan viele.

Wer es ist, brauche ich ja nicht zu schreiben. Die stehen alle erst so gegen 11 Uhr auf. Das fürchterlichste ist mir, dass man sich den ganzen Tag ganz leise verhalten muss. Wie ein Schatten umhuschen und nur leise sprechen.

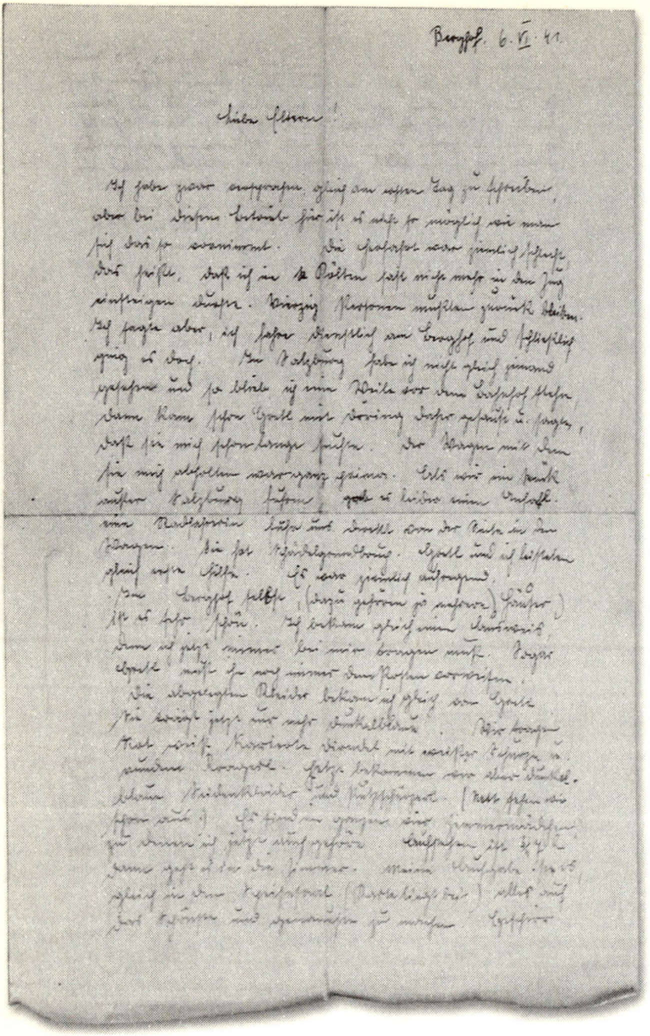

Berghof. 6. VI. 41.

Liebe Eltern!

Annas erster Brief vom Berghof an ihre Eltern. Insgesamt schickte sie während ihrer Zeit im Hause Hitler 37 Briefe nach Hause, die heute alle noch zur Gänze erhalten sind.

Wenn die Herrschaften dann aufstehen, geht es von einem Zimmer in das andere. Zu zweit machen wir das! Kannst dir denken, Mutter, wie so ein Gästezimmer aufgeräumt werden muss. Ich mache immer Toilette und Bad. (Bei jedem Zimmer Bad!) Die Wanne mit Imi reiben, alle Kacheln putzen, Glas wischen, mit einem Wort auf das Genaueste. Bis 3 h ist dann glücklich alles zusammengeräumt. Dann wird für abends in jedes Zimmer eine Obstschale gerichtet und eine Flasche Mineralwasser und Glas. (Dauert ungefähr eine Stunde.) Dann gibt es wieder für eine Dame irgendwas zu besorgen. Wenn dann abends alles zu Tisch geht, gehen wir wieder in alle Zimmer und bauen die Betten wieder für die Nacht zurecht. Unter Umständen muss auch das Bad wieder gewaschen werden. Alles verdunkeln.

Man kann sagen, es wird jeden Tag zehn Uhr, bis wir fertig sind. Wenn der Führer da ist, mache ich auch sein Bett und Bad. Obst richten, das Nachthemd muss immer so zackig hingelegt sein. (Könnt Euch denken bei so einem Mann!) Sonst ist er aber auch nicht besser untergebracht wie mancher andere Gast. Er hat nur eine gewöhnliche Steppdecke. (Nicht einmal Daunen!)

Wenn Ihr mal was in der Zeitung lesen oder in der Wochenschau sehen solltet, dann habe ich es bestimmt aus nächster Nähe gesehen. Ins Freie komme ich den ganzen Tag nicht. Morgen ab drei Uhr habe ich frei bis nächsten Tag früh. Willi geht, glaube ich, mit mir nach Berchtesgaden. Da gebe ich den Brief auf. Das Essen ist ganz prima. Es wird fein serviert. Frühstück: Kaffee und Milch. Man kann einschenken so viel man will. Butter, Wurst, Gänsefett, Brot, Semmeln im Überfluss. Mittags genau das gleiche wie die Gäste. Könnt Euch denken, wie fein: Immer Nachspeise. Obst oder Eis. Und Torte. Nachmittags Kaffee und Mehlspeise. Abends heute: Geröstete Knödel mit viel Fleisch, Kirschen und Äpfel genug als Nachspeise, Gurken und grünen Salat. Zu trinken gibt es mittags und abends Bier oder süßen Apfelsaft. So viel man will. Obst gibt es genug, ich habe schon einige Orangen umliegen. Jetzt ist das so wegen meines Arbeitsbuches. Wenn es nach mir geht, möchte ich ein halbes oder Jahr hier bleiben. Länger nicht, weil ich dann doch schon alles gesehen und gelernt habe. Österreicher gibt es keine hier. Meistens Preußen. Die verstehe ich alle schlecht. Gretel sagt zwar, es dauert einige Wochen, bis man sich einfindet und alles kennt, ich weiß es noch nicht. Sonst geht es mir sehr gut, und ich könnte direkt eine Mastkur machen.

Wenn ich zuerst mit so hohen Gästen sprach, bekam ich fast Lampenfieber. Aber das ist gut für mich, wenn ich den Umgang und das alles lernen kann. Gnädige Frau hin und her geht es da. Herzliche Grüße, Annerl.«

Soweit mein erster Brief. Ich denke, er vermittelt meine ersten Eindrücke bei Hitlers schon recht gut. Zum Ausweis muss ich aber noch etwas sagen: Den musste man immer bei sich tragen, um sich bei den Wachposten ausweisen zu können. Ich erinnere mich noch gut daran, dass Frau Speer, die Gattin von Hitlers Lieblingsarchitekten Albert Speer, einmal ihren Ausweis vergessen hatte. Sie war mit Eva Braun und mir aus München zum Berghof gekommen. Wir konnten den Posten wegen des fehlenden Ausweises von Frau Speer einfach nicht passieren. Und das, obwohl Eva Braun sich persönlich für Frau Speer verbürgte. Erst nach Rücksprache mit der Kripo durften wir passieren.

Aber zurück zu meiner Ankunft: Als Erstes bekam ich mein Dienstkleid ausgehändigt, und dann wurde ich den anderen zwei Zimmermädchen vorgestellt. Ein Mädchen kam aus Berchtesgaden und hieß Resi Stangassinger, das andere Mädchen Elfriede König. Ich war sozusagen die Dritte im Bunde und kam als Ersatz für ein Mädchen namens »Betty«, das gerade den Berghof verlassen hatte, weil sie heiratete. Ich hatte zuerst nicht das Gefühl, als hätten mich die anderen Mädchen mit offenen Armen empfangen. Meine Vorgängerin »Betty« war sehr beliebt gewesen; sie hatte jahrelang am Berghof gearbeitet – und außerdem war sie im Gegensatz zu mir keine Österreicherin.

Waren Österreicher denn weniger beliebt?

So möchte ich es nicht ausdrücken, auf jeden Fall aber waren Österreicher die Ausnahme in diesem Haus. Ich muss da nur an die Heiterkeit denken, die mein Dialekt bei meinen Kolleginnen und dem restlichen Personal ausgelöst hat. Diejenigen, die hochdeutsch gesprochen haben, waren immer sehr amüsiert von meiner Art zu reden.

Herbert Döring, der Hausverwalter, hat mich gleich auf meine »Mundart« angesprochen. Er hat sich besonders gerne über den österreichischen Zungenschlag lustig gemacht. Er hat mir vom Gespräch des vormaligen österreichischen Bundeskanzlers Kurt Schuschnigg bei Hitler am Berghof erzählt. Das war der letzte Versuch Schuschniggs gewesen, Österreich zu retten. Ich erinnere mich noch genau, wie er nach seiner Rückkehr vom Berghof die Worte

»Gott schütze Österreich« ausgesprochen hat. Döring hat den Auftritt der österreichischen Delegation, vor allem des Begleitpersonals, jedenfalls ein wenig ins Lächerliche gezogen. »Die haben vielleicht Brötchen gefressen«, meinte Döring in Anspielung auf den für ihn schwer verständlichen österreichischen Dialekt.

Aber was soll's. Döring als Ostpreuße war für einen Österreicher auch nicht viel einfacher zu verstehen. Auch er konnte seine Herkunft nur schwer verleugnen. Später gab es noch weitere Vorfälle wegen meines Dialekts, der immer wieder zur allgemeinen Erheiterung beigetragen hat. Einmal haben wir – so blöd das klingen mag – »alles, was Flügel hat, fliegt« gespielt. Beim Auslösen des Pfands habe ich Döring auf einen Sessel steigen lassen, wo er dann auf mein Kommando »Rechts um« und »Links um« machen musste. Als ich aber »Habt Acht« kommandiert habe, fingen alle an zu lachen, weil es im deutschen Heer »Stillgestanden« heißt.

In einem Brief an meine Eltern habe ich dann berichtet, wie ich mich sofort bei Döring revanchiert habe:

»Dafür musste der olle Döring beim nächsten Pfand seine schöne Frisur, auf die er so furchtbar viel hält, zersausen und dabei sagen: Ach wär' ich nur ein Negerhäuptling.«

Abgesehen von dem eher kindlichen Vergnügen, einen überzeugten Nazi ausgerechnet am Obersalzberg für kurze Zeit zum »Negerhäuptling« zu befördern, dürfte es anfangs aber nicht einfach für Sie gewesen sein?

Durch die ständige Isolation, da ich ja das Haus nur selten

Die drei Zimmermädchen des Berghofs. Links steht Elfriede König, in der Mitte Anna und rechts von ihr Resi Stangassinger. König und Stangassinger waren schon vor Anna am Berghof tätig. Anna kam als Ersatz für ein Mädchen namens »Betty«, das wegen ihrer Heirat den Berghof verließ. Der Anfang war für Anna nicht leicht, da die anderen Angestellten glaubten, Anna würde durch ihre Verwandtschaft mit Gretel bevorzugt.

verlassen durfte, wurde mein ohnehin schon relativ großes Heimweh nur noch mehr verstärkt. Und dass ich nur durch »Protektion« durch meinen Cousin Willi und dessen Frau Gretel die Stellung bekommen hatte, sorgte anfangs zudem für Missgunst. Denn sofort Zimmermädchen zu werden, war alles andere als üblich. Dass eine »Neue« gleich in die Zimmer durfte, war sicher eine Seltenheit.

Wie ging es dann weiter?

Zuerst zeigte man mir mein Zimmer – ein sehr schöner Raum im zweiten Stock mit Blick auf den Berghang. Der erste Eindruck war natürlich überwältigend: die Berge, der imposante Ausblick, der Aufmarsch der SS, einfach alles. Ehrlich gesagt, war ich völlig eingeschüchtert. Es war eben alles da, was da sein musste, wenn der Führer Hof hielt. Und auch von meinem Zimmer war ich begeistert. Es war ein Einzelzimmer mit grünen Schleiflackmöbeln. Und auf dem Nachttisch stand sogar ein Telefon, mit dem ich nach draußen telefonieren durfte, wann immer ich wollte.

Auch das habe ich in einem der Briefe an meine Eltern erwähnt:

»Also, Sonntag wird wieder telefoniert! Um 10 Uhr. Ihr müsst Euch aber inzwischen was zusammendenken! Nicht dass wir dann wieder nicht wissen, was wir reden sollen. Ich kann telefonieren so oft ich will. Das macht der Soldat, der in der Verbindungsstelle ist, aus Gefälligkeit. Von einem Mädchen ist der Bräutigam eingerückt, die ruft jeden Tag Prag an.«

So konnte ich auch relativ oft meine Eltern anrufen. Natürlich darf man sich das nicht so vorstellen, wie man heutzutage ein Telefon benutzt. Damals musste ich mich immer zuerst mit der Vermittlung des Berghofs verbinden lassen, außerdem ließ die Qualität der Verbindung manchmal sehr

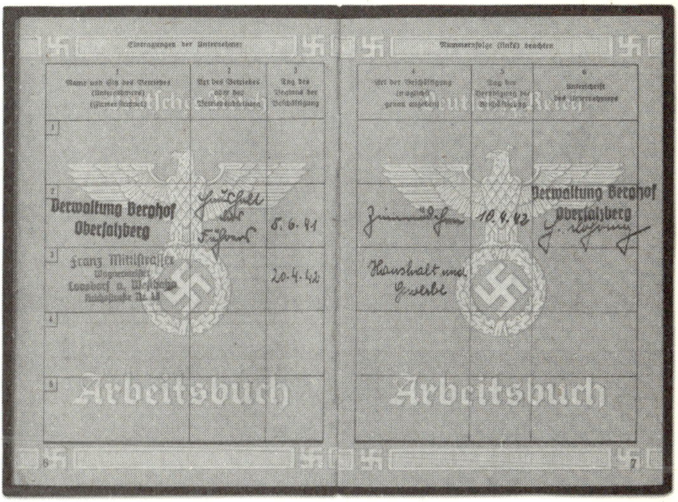

Annas Arbeitsbuch. Anfang Juni 1941 trat sie ihren Dienst am Berghof an. Zu dieser Zeit war Hitler persönlich am Berghof anwesend. Das erste persönliche Zusammentreffen mit »dem Führer« fand daher schon am dritten Arbeitstag statt.

zu wünschen übrig. Manchmal verstand man seinen Gesprächspartner praktisch überhaupt nicht. Jedenfalls war das alles gar nicht so einfach, denn der zuständige Herr von der Vermittlung am Berghof war für seine Ungeduld bekannt. Und wenn ich meine Eltern angerufen habe, hat er sich beim Postamt in Loosdorf nur mit »Vermittlung Berghof« gemeldet und recht barsch darauf gedrängt, dass sofort eine Leitung freigemacht werden müsse. Also, beim Loosdorfer Postamt dürfte ich nicht besonders beliebt gewesen sein. Dort arbeiteten damals begeisterte Nazis, die meine Gespräche voller Neugierde mithören konnten und natürlich auch weitererzählten. Das schürte bei so manchen im Ort Neid und Missgunst – eine Tatsache, die schon sehr bald und auch noch Jahre später während der russischen Besatzungszeit ernste Konsequenzen für mich hatte.

Wie war denn der erste Arbeitstag?

Er begann sofort nach meiner Ankunft mit einer Einweisung durch Gretel. Dabei ging es eigentlich nur um die Arbeitsabläufe: Aufstehen um 6 Uhr 45, danach ab in den Speisesaal, den ich schön herrichten sollte. Das war jener Speisesaal, der von Hitler benutzt wurde. Sobald ich damit fertig war, kamen die Gästezimmer an die Reihe, die ich gemeinsam mit den anderen Mädchen saubermachen sollte.

Stellen Sie sich nur meine Überraschung vor, als Gretel, die ja eine recht resolute Frau war, in tiefstem Bayerisch erklärte: »Also, Anni. Ich sag's dir gleich: Der Hitler und die Eva Braun, die gehören zusammen.«

Diese ersten Worte ihrer so genannten Einweisung werde ich nie vergessen. Und dann fuhr sie im selben Tonfall fort: »Des is des Zimmer vom Führer. Und des is der Kofferraum.« Nur zum Verständnis: Dabei handelte es sich um einen Raum voller edelster Koffer, die meisten aus Krokodilsleder, die bis fast unter die Decke gestapelt waren. Der so genannte »Kofferraum« hatte zwei Türen. Die eine war auf der Seite von Hitlers Zimmer.

Und als wir durch die zweite Tür gingen, kam Gretel auch gleich auf den springenden Punkt zu sprechen: »Und das hier ist das Zimmer von der Eva Braun. Kennst dich aus? Mehr brauch ich dir ja nicht zu sagen, oder?«

Und das brauchte sie wohl auch nicht. Ich war sprachlos. Denn dass der Führer eine Freundin – damals war wohl Gefährtin die treffendere Bezeichnung – hatte, wusste zu diesem Zeitpunkt kein Normalsterblicher. Und dass sein Zimmer und das Schlafzimmer Eva Brauns lediglich durch ein Kammerl getrennt waren, das »Kofferraum« hieß, wussten wohl nur die allerwenigsten. Und schon gar kein 20jähriges Mädchen aus Loosdorf.

Es war also ein Geheimnis.

So ist es. Und die Gretel hat auch gleich gesagt: »Alles was du jetzt weißt, alles was du hier siehst, alles was du hier hörst, muss unter uns bleiben. Über alle Sachen, die hier passieren, darfst du nichts sagen. Zu niemandem. Niemals. Und du sprichst mit überhaupt niemandem darüber. Damit das klar ist. Und schon gar nicht über den Führer und Eva Braun.«

Fiel es Ihnen leicht, ein so delikates Staatsgeheimnis für sich zu bewahren?

Mit wem hätte ich denn darüber reden sollen? Ich stand ja

nur mit meinen Eltern und einigen wenigen Freunden und Bekannten in telefonischem und brieflichem Kontakt. Bei Telefongesprächen konnte die Vermittlung mithören, und die Briefe unterlagen darüber hinaus eigentlich der Zensur. Andererseits bin ich mir nicht sicher, ob meine Briefe überhaupt geöffnet wurden, bevor sie den Berghof verlassen haben.

Ihre Briefe vom Berghof sind noch heute vollständig erhalten und geben einen sehr tiefen Einblick in den Alltag am Berghof. Wie kommt es eigentlich, dass sie noch immer existieren?

Meine Mutter hat die Briefe vor dem Einmarsch der Russen vergraben. Sie hat in der Scheune ein großes Loch gegraben, eine Kiste hineingestellt, in der auch die Briefe waren. Diese Kiste hat sie erst nach dem Abzug der Russen wieder ausgegraben. Die Gefahr einer Plünderung war damals ja noch relativ hoch. Bis zu den Sechzigerjahren wusste ich überhaupt nicht, dass die Briefe noch vollständig erhalten sind, da ich 1948, als ich geheiratet hatte, von zu Hause ausgezogen bin. An die Briefe habe ich gar nicht mehr gedacht.

Anfang der Sechzigerjahre hat mich dann meine Mutter eines Tages aus heiterem Himmel auf die Briefe angesprochen. »Geh, Anni, da sind noch deine Briefe vom Berghof und die ganzen Fotos von da oben. Nimm die doch mit«, hat sie zu mir gesagt. Wie Sie sich vorstellen können, war ich überglücklich. Nach über zwanzig Jahren fühlte ich mich schlagartig wieder in die Zeit am Berghof zurückversetzt. Ich hatte ja viele schöne Erinnerungen an meine Zeit da oben.

Eva Braun. Diese Aufnahme entstand am Berghof. Eva Braun schenkte sie Gretel Mittlstrasser mit einer persönlichen Widmung zu deren Geburtstag. Dasselbe Bild bekam auch Adolf Hitler geschenkt. Eva Braun, einst Mitarbeiterin von Hitlers Leibfotograf Heinrich Hoffmann, hatte ein Faible für Fotografie. Fotos, die Eva Braun wegwarf, wurden von Anna aus dem Papierkorb gerettet und aufgehoben.

hon damals ist die Idee aufgekommen, dass man mit dem vorliegenden Material eigentlich ein Buch schreiben könnte. Nur wollte ich zuerst nicht über dieses Thema sprechen. Außerhalb von Loosdorf ist das ja auch nie wirklich bekannt geworden, dass ich am Berghof war. Zudem habe ich keinen Anlass gesehen, mich noch einmal so intensiv mit dieser Zeit auseinanderzusetzen. Das hat sich erst grundlegend geändert, als ich Sie kennen gelernt habe. Und außerdem habe ich ein Fernsehinterview mit Traudl Junge, Hitlers Sekretärin, gesehen. Und dann hat mich André Hellers Projekt mit Traudl Junge so beeindruckt, dass ich zu dem Entschluss gekommen bin, es wäre doch schade, wenn meine Erinnerungen mit meinem Tod – ich bin jetzt doch schon 82 Jahre alt – einfach verloren gehen würden.

Haben Sie Traudl Junge persönlich kennen gelernt?
Nein, ich nicht. Aber die Gretel. Zu meinem 75. Geburtstag war ich drei Tage lang in München bei Gretel und Willi. Wir haben natürlich viel über unsere Zeit am Berghof gesprochen. Damals hat mir Gretel erzählt, sie stünde noch immer mit Traudl Junge in Verbindung. Aber natürlich habe ich mich auch schon unmittelbar nach dem Ende des Zweiten Weltkriegs mit der Thematik beschäftigt und eine Unmenge einschlägiger Bücher gelesen.

Mit meinem verstorbenen Mann Karl, der Hauptschullehrer für Deutsch und Geschichte in Loosdorf war, bin ich mehrfach zum Berghof gefahren. Wir hatten schon in den Fünfzigerjahren ein eigenes Auto, einen beigefarbenen Opel Rekord. Das war für uns schon damals ein Tagesausflug. In den ersten Jahren konnten wir noch größere Teile des Baus sehen. Der Berghof war eben zerbombt und ausgebrannt. Mit den Jahren haben dann Bäume und Sträucher meine Erinnerungen überwuchert. Bei jedem Besuch bekam ich ein wehmütiges Gefühl.

Zurück an den Berghof. Gab es noch andere sozusagen der Geheimhaltungspflicht unterliegende Themen? Abgesehen von dem Verhältnis zwischen Eva Braun und Adolf Hitler? Themen, die Sie in Ihren Briefen vom Berghof nicht einmal ansatzweise erwähnen durften?
Selbstverständlich. Schon gleich am Anfang bin ich mit einer anderen Sache in Berührung gekommen, die am Obersalzberg für einige Aufregung sorgte. Man hat mich nämlich mit der Aufgabe betraut, das Zimmer von Rudolf Heß zu reinigen. Dieser Raum wurde vom Personal nur das »Untersbergzimmer« genannt.

Heß war Stellvertreter des Führers und als solcher kurz vorher bei einer umstrittenen Geheimmission über Schottland abgestürzt. Das war am 10. Mai 1941. Er hat offenbar versucht, durch Vermittlung des Herzogs von Hamilton Friedensverhandlungen mit der britischen Regierung aufzunehmen. Hitler hat ihn später für einen Psychopathen erklärt und aus allen Parteifunktionen entlassen. Wie wurde der Fall Heß damals eigentlich am Obersalzberg kommuniziert? Die Schottland-Reise von Heß dürfte ja ganz bestimmt nicht mit Hitler akkordiert gewesen sein.
Die wahren Hintergründe des Heß-Fluges waren mir natür-

lich auch nicht bekannt. Ich weiß auch nicht, ob sie je wirklich ergründet worden sind. Jedenfalls war man am Berghof in heller Aufregung wegen dieser Sache. Der Begriff blankes Entsetzen wegen seiner Aktion trifft die Reaktionen, die es daraufhin gab, meiner Meinung nach am besten. Diese Sache hat alle sehr erschüttert. Und sie hatten auch gleich eine Erklärung parat – nämlich die, Heß sei krank gewesen sei. Das hörte man auch vom Personal ständig.

Und war er auch wirklich krank? Indizien dafür gäbe es ja zur Genüge. So hat er in britischer Haft noch im Herbst 1941 einen Selbstmordversuch unternommen. Zudem soll er schon damals an einer Nervenkrankheit gelitten haben.
Nach dem zu urteilen, was ich beim Saubermachen seines Zimmers gesehen habe, bin ich davon überzeugt, dass Heß krank war. Die Regale in seinem Badezimmer waren voller Medikamente.

Was für Medikamente waren das?
Keine Ahnung. Flascherl. Jede Menge Flascherl. Und Tabletten. Da ist einiges herumgestanden. Der Einzige, der außer Heß wusste, was für Medikamente das waren, war Doktor Theodor Morell. Er war der Leibarzt des Führers und damals auch am Berghof. Er war eigentlich fast noch mehr als nur Hitlers Arzt. Ich meine, Morell war ein wirklich enger Vertrauter Hitlers. Zumindest wurde das unter den Angestellten so erzählt. Ich kann mich an Doktor Morell noch sehr gut erinnern. Er hat ein bestimmtes Zimmer bewohnt,

Rudolf Heß wurde am 26. April 1894 im ägyptischen Alexandria geboren. Nach Schulbesuchen in Ägypten, der Schweiz und in Deutschland, einer kaufmännischen Lehre und Kriegsdienst als Freiwilliger stieß Heß während seiner Studienzeit in München zu völkisch-nationalistischen Gruppierungen wie der Thule-Gesellschaft und dem Freikorps Epp.

Hitler lernte er 1920 kennen und trat sofort der NSDAP (Mitgliedsnummer 16) bei. Nach dem gescheiterten Münchner Putsch im Jahr 1923 saß er gemeinsam mit Hitler seine Strafe in Landsberg ab, wo er ihm bei der Abfassung von »Mein Kampf« half. Als einer der engsten Vertrauten Hitlers wurde er danach dessen Privatsekretär. In der Parteikrise 1932 übernahm Heß das Amt des unterlegenen Hitler-Rivalen Gregor Strasser als Vorsitzender der Politischen Zentralkommission der NSDAP. Der größte Karrieresprung gelang Heß, als er im April 1933 zum Stellvertreter des Führers in der NSDAP ernannt wurde. Heß zeichnete sich vor allem durch »kritiklose Gefolgschaft« aus, wodurch er maßgeblich an der uneingeschränkten Festigung des Führerprinzips beteiligt war. Ab 1933 war Heß zudem Reichstagsabgeordneter, SS-Obergruppenführer und Reichsminister ohne Geschäftsbereich, 1938 Mitglied des Geheimen Kabinettsrats und 1939 des Ministerrats für die Reichsverteidigung. Zum Zeitpunkt des Kriegsausbruches erreichte er den Höhepunkt seiner Karriere:

Hitler ernennt ihn zu seinem zweiten Nachfolger nach Hermann Göring.

Trotz seiner unbestritten großen Möglichkeiten der Machtausübung war Heß mit zunehmender Konsolidierung des

Naziregimes allmählich in den Hintergrund getreten. Mitverantwortlich dafür war sein Büroleiter, der Heß' politische Arbeit weitgehend übernahm und machtbewusst einsetzte: Martin Bormann. Schon 1939 war die Rolle von Heß im NS-Staat auf die einer Repräsentationsfigur beschränkt. Am 10. Mai 1941 folgte schließlich jene spektakuläre Aktion, mit der Heß in die Geschichtsbücher einging: Ohne offiziellen Auftrag Adolf Hitlers flog der Sportflieger Heß nach Schottland und sprang mit dem Fallschirm über Feindesland ab, um mit Großbritannien Friedensverhandlungen zu führen. Sein – völlig realitätsfernes – Ziel war ein gemeinsames Vorgehen gegen die UdSSR. Heß wurde daraufhin vom NS-Regime zum Psychopathen erklärt und von den Briten bis zum Kriegsende im Tower of London gefangen gehalten. Während der Haft beging Heß, der an Wahnvorstellungen litt, einen Selbstmordversuch.

Im Nürnberger Hauptkriegsverbrecher-Prozess 1946 wurde Heß wegen seiner Beteiligung an der »Planung des Angriffskrieges« und wegen »Verschwörung gegen den Weltfrieden« zu einer lebenslänglichen Haftstrafe verurteilt. Und das, obwohl selbst Winston Churchill Zweifel an Heß' Zurechnungsfähigkeit bekundete.

Heß verbüßte seine Strafe in dem von den vier Besatzungsmächten im Turnus bewachten Gefängnis Berlin-Spandau, seit 1966 als einziger Häftling. Die Sowjetführung lehnte selbst nach Stalins Tod eine Begnadigung von Heß ab, was ihn in rechtsradikalen Kreisen zum »Märtyrer« werden ließ. Am 17. August 1987 beging der 93jährige schließlich nach einem halben Jahrhundert Einzelhaft im Gefängnis Berlin-Spandau Selbstmord.

das mir gleich nach meiner Ankunft gezeigt wurde: eben das so genannte Untersberg-Zimmer. Jenes Zimmer, das kurz zuvor Heß bewohnt hatte. Und was die Medikamente betrifft: Das war ein Thema unter den Angestellten, über das damals dauernd gesprochen wurde.

Tratsch war also durchaus üblich?
So würde ich das nicht sagen. Denn eigentlich musste man den ganzen Tag über extrem leise sein. Ich fand das schrecklich. Man musste sich verhalten wie ein Schatten, durfte kein lautes Wort von sich geben. Man schlich richtiggehend durch die Gänge. Es wurde nur getuschelt und geflüstert.

Aber im Regelfall haben die Herrschaften eben bis zehn oder elf Uhr vormittags geschlafen. Und deshalb hatte bis dahin absolute Ruhe zu herrschen. Erst danach konnte man auf die Zimmer und mit dem Saubermachen anfangen. An vielen Abenden fanden Gesellschaften statt, die doch sehr lange dauerten. In den Briefen an meine Eltern habe ich den Sachverhalt etwas anders dargestellt: Man müsse ganz leise sein, hab ich geschrieben. Weil der Führer so viel arbeitet. Und da bräuchte er seine Ruhe. Vor allem in der Früh.

Hatten Sie denn so viel Respekt vor Hitler und seinem Gefolge?
Hitler hat auf fast alle Menschen eine gewisse Faszination ausgeübt. Das galt auch für mich, aber auch und vor allen

Theodor Morell kam am 22. Juli 1886 im hessischen Trais-Münzenberg als Lehrersohn zur Welt. 1907 begann er mit dem Medizinstudium; 1914 ließ er sich als praktischer Arzt in der Nähe von Offenbach nieder, wurde jedoch im Jahr darauf zum Militär eingezogen. Noch vor dem Kriegsende wurde er als dienstuntauglich entlassen und baute als Facharzt für Urologie eine renommierte Praxis in Berlin auf. Bald schon konnte er die Prominenz der Hauptstadt zu seinen Patienten zählen. Seine erste Begegnung mit Hitler hatte er 1935, den er Ende dieses Jahres erstmals untersuchte. Hitler war derart begeistert, dass er Morell zu seinem Leibarzt ernannte. Trotz seiner Praxis begleitete er den Diktator zwischen 1939 bis April 1945 überall hin. Seine Therapie für Hitler war bestimmt von Darmbakterien, Hormonen und Vitaminen. In den letzten drei Behandlungsjahren verordnete er Hitler zumindest 92 verschiedene Medikamente und verabreichte ihm mehr als 1000 Injektionen. Für den Vegetarier Hitler stellte Morell Diätpläne zusammen. Für eine Champignondiät wurde eigens eine Pilzzucht am Obersalzberg angelegt.
Kurz vor Hitlers Selbstmord verließ Morell Berlin und ging nach Bayern, wo er von den Amerikanern verhaftet wurde. 1947 wurde er als haftunfähig entlassen und starb am 26. Mai 1948 in Tegernsee. Morell, der als wenig politisch motiviert galt, ist es sehr erfolgreich gelungen, seine Position als Hitlers Leibarzt zu seinem persönlichen Vorteil auszunutzen. Seit 1943 baute er ein Pharma-Imperium auf, das sich wie ein Netz über das gesamte Deutsche Reich zog. Auch an den Nordmark Werken in Hamburg und an einem privaten Forschungslabor in Bayerisch Gmain, das er von Hitler geschenkt bekam, war er beteiligt.

Dingen für Eva Braun. Er war sich seiner Ausstrahlung bewusst und hat sie auch absichtlich eingesetzt. Ein kleines Beispiel, das mir noch in Erinnerung ist, verdeutlicht das. Was hat er Ihrer Meinung nach Eva Braun zum Geburtstag geschenkt?

Keine Ahnung. Schmuck?
Nein. Ein Bild. Ein Bild von ihm. Eva Braun bekam von Hitler zum Geburtstag ein Bild des Führers geschenkt. Es war ein Gemälde, das er von einem Maler in Bad Tölz hat anfertigen lassen. Später einmal bin ich mit Eva Braun nach Bad Tölz zu ebendiesem Maler gefahren, weil sie ein Bild von sich machen lassen wollte. Stundenlang hat sie dort Modell gesessen. Und dieses Gemälde hat sie dann Adolf Hitler geschenkt.

Bei dieser Gelegenheit fällt mir ein, dass es am Berghof im ersten Stock ein eigenes Geschenkezimmer für Hitler gegeben hat. Das war ein Raum, wo all jener »wertlose« Kram hinkam, den Hitler nicht einmal zu Gesicht bekommen hat. Das waren Geschenke von Hitler-Anhängern aus dem ganzen Reich. Es war einfach unglaublich, welche Dinge sich dort gestapelt haben. Sogar ein Vogelkäfig war dabei.

Einmal habe ich ein Buch aufgeschlagen, das dort herumlag. Plötzlich lese ich, dass es ein Geschenk der Familie Lukesch aus Loosdorf war. So klein ist die Welt.

Wie wurden Sie denn Eva Braun vorgestellt?
Zuerst einmal hat mich die Gretel über die Rolle der Eva Braun aufgeklärt. Und dann kam schon die nächste

Anweisung: Eva Braun sei die Frau des Hauses. Und als solche war sie für mich mit »gnädiges Fräulein« anzusprechen.

Eines der von Eva Braun weggeworfenen Fotos, die Anna aus dem Papierkorb entfernte. Das Bild zeigt Eva Braun im Büro ihres ehemaligen Arbeitgebers Heinrich Hoffmann, Hitlers Leibfotograf. Am Fenster im Hintergrund ist noch die Werbeaufschrift von Hoffmanns Firma in München zu erkennen. Warum Eva Braun, die mehrere Selbstmordversuche unternahm, immer wieder Fotos zerriss und wegwarf, ist ungeklärt.

Immer wieder fand Anna beim Entleeren des Papierkorbes in Eva Brauns Zimmer weggeworfene Fotos, die sie großteils aufhob. Doch auch sonst war Annas Sammelleidenschaft recht ausgeprägt: Hilters Konfekt-Körbchen hat sie ebenso aufbewahrt wie eine exklusive Handtasche, die ihr Eva Braun zu Weihnachten 1941 als Geschenk überreichte.

Eva Braun war nach Hitler also die Nummer zwei am Berghof? Sozusagen die erste Dame am Obersalzberg?
Nein. Das war sie eindeutig nicht. Sie war eben die Frau des Hauses. Und sie war besonders wichtig, wenn Hitler da war. Aber sie war eindeutig nicht die erste Dame am Obersalzberg.

Und sonst? Wer war denn wichtiger als Eva Braun, wenn Hitler nicht am Berghof war?
Wenn Gerda Bormann, die Frau von Martin Bormann, gekommen ist, dann war sie wichtiger. Dasselbe galt für

Emmy Göring, die Frau von Hermann Göring. Die Frau Göring war sozusagen die erste Frau im Reich. Denn Eva Braun war ja mit Adolf Hitler nicht verheiratet. Deshalb hatte sie auch keine offizielle Legitimation, in die erste Reihe zu treten. Auch das lässt sich an einem kleinen, auf den ersten Blick unauffälligen Beispiel erkennen: Der Gärtner musste jeden Tag frische Blumen für die Damen bringen. Im Winter war es meistens weißer Flieder. Wenn Frau Göring da war, bekam sie jeden Tag frische Blumen in ihrem Zimmer im Göring-Haus, Eva Braun hingegen bekam dann nur jeden zweiten Tag frische Blumen.

Wie lief denn das erste persönliche Zusammentreffen mit Eva Braun ab?

Bevor es überhaupt dazu kam, gab es noch jede Menge Anweisungen. Überhaupt schienen Anweisungen besonders wichtig zu sein. Es gab kaum eine Situation, deren Handhabung nicht schon vorher festgelegt war. Etikette war extrem wichtig.

»Du, was mach ich, wenn das gnädige Fräulein niesen muss? Was sag ich dann?«, habe ich Gretel gefragt. »Nichts«, lautete ihre Antwort. »Das ignorieren wir.« Im Schnelldurchgang erklärte man mir, wie ich zu servieren, welche Teller ich wie anzugreifen hatte und wie man einschenkte. Dann hat man mich auch schon in Hitlers Wohnzimmer geschickt, wo Eva Braun saß. Ich war wirklich sehr nervös. Gretel hat noch versucht, mir meine Nervosität zu nehmen. »Die weiß eh, dass du das nicht kannst. Also beruhig dich und reiß dich zusammen.« Dann bin ich hineingegangen, um Eva Braun ein Glas Rotwein einzuschenken. Ich war extrem unsicher, und Eva Braun hat das auch sofort gemerkt und mich darauf angesprochen. »Gnädiges Fräulein. Ich fühle mich ein bisschen unsicher«, habe ich gesagt. »Dann schicke ich Sie mal nach München ins Hotel Kaiser, damit Sie perfekt werden«, hat Eva Braun erwidert.

Das Hotel Kaiser habe ich freilich nie von innen gesehen. Vielleicht habe ich mich im Laufe der Zeit zur Zufriedenheit Eva Brauns in die Kunst des Servierens eingearbeitet. Ich hoffe es jedenfalls.

Wie war denn Ihr Verhältnis zu Eva Braun? Sie waren ja nur acht Jahre jünger als Hitlers Geliebte.
Sie war eine Dame, die keinen großen Wert auf besondere Distanz legte. Es gab nie so etwas wie eine Zurechtweisung oder Beleidigung durch sie. Sie war also nicht die typische »Chefin«, die ihre Mitarbeiter auch ihre besondere Stellung spüren lässt.

In Ihren Briefen schreiben Sie immer nur von einem »gnädigen Fräulein«, nennen aber kein einziges Mal den Namen Eva Brauns. Warum eigentlich?
Weil es nicht erlaubt war. Das wurde mir ausdrücklich erklärt, dass ich insbesondere über Eva Braun nichts in meinen Briefen schreiben durfte. Deshalb habe ich sie in den Briefen als »gnädiges Fräulein« bezeichnet. Meine Eltern wussten schon nach meinem ersten Heimatbesuch ohnehin, um wen es sich dabei gehandelt hat.

Das ist vielleicht ein guter Zeitpunkt, Ihnen meinen

zweiten Brief vom Berghof vorzulesen, denn da hatte ich mich ja schon ein wenig eingelebt:

»Liebe Eltern! Der letzte dicke Brief wird ja inzwischen angekommen sein. Ich habe ihn am Königssee aufgegeben. Gestern hatte ich meinen ersten dienstfreien Nachmittag. Von 15 Uhr bis nächsten Tag früh. Jeden fünften Tag ist dienstfrei. Dafür merkt man von einem Sonntag nichts. Als ich in Salzburg ankam, sagte mir Gretel gleich, dass der Führer da ist, Göring und andere. Den Empfang des kroatischen Gastes habe ich ganz genau gesehen. Es war ganz prima. Bis das dann alles in die Zeitung kommt, ist es für uns schon wieder eine alte Geschichte. Auch die Geschenke habe ich gesehen. Mit jedem Tag kenne ich mich im Haus schon besser aus. Anfangs war es wirklich nicht leicht, sich zurechtzufinden.

Willi war gestern sehr nett. Er hatte auch frei! Wir sind mit einem feinen Auto (Radio darinnen) nach Berchtesgaden und Königssee gefahren. Zwei andere Herren waren noch mit. Das hat ganz elegant ausgesehen. Bis 12 h war ich dann noch bei Gretel in der Wohnung, da gab es Sekt und Pralinen. Der Film-Mann vom Berghof war auch dort!

Jetzt hatte ich schon öfter die Ehre, das Bett des Führers zu machen (jeden Tag). Abends zum Schlafen muss alles ganz zackig gerichtet werden. Das Nachthemd und die Hausschuhe müssen ganz vorschriftsmäßig gelegt werden. ›Soldatisch!‹ Als ich beim Führer gestern das Bad machte, fiel mir ein Griff vom Rasierapparat hinunter. Ich steckte ihn dann einstweilen in die Tasche, vergaß aber dann, ihn wieder herauszugeben. Abends denke ich mir, wo habe ich denn das her? Und geh von einem Herrenzimmer in das andere, um zu suchen, wo es fehlt. Dann sah ich, dass es das vom Führer war. Vermisst hatte er es noch nicht. In das Arbeitszimmer konnten wir einige Tage nicht. Der Führer versperrte es persönlich! Er arbeitet immer und gönnt sich keine Erholung.

Auf seinen Wunsch bekommen Angestellte das gleiche Essen wie er und die Gäste. Gestern Abend gab es ein großes Schweineschnitzel (frisch gebacken), Salat, Käseplatten, Bier, Apfelsaft, Obst, fein was? Hoffentlich werde ich nicht zu dick! Ich wiege mich jeden Tag im Bad des Führers. Um 1 kg habe ich zugenommen. Herzliche Grüße, Annerl.«

Schon ein paar Tage später, am 11. Juni 1941, habe ich den dritten Brief nach Hause geschrieben, aus dem ich nur ein paar Sätze vorlesen will:

»Liebe Eltern! Vom Besuch von König Boris aus Bulgarien beim Führer habt ihr doch sicher gelesen! Der Empfang war ganz großartig. Ich konnte alles aus nächster Nähe beobachten. Es ist schon ein schönes Gefühl, wenn man weiß, mit dem Führer unter dem gleichen Dach schlafen zu können. Auch andere höchste Persönlichkeiten habe ich gesehen. Besonders gerne arbeite ich in der Wohnung des Führers.

Heute Nachmittag machten wir sein Schlafzimmer, Bad machte ich ganz gründlich! Und das große Arbeitszimmer. Da gibt es Bücher, der Mensch muss ungemein viel studieren und arbeiten.«

Heute weiß ich, dass der Russlandfeldzug am 22. Juni begonnen hat. Das erklärt wahrscheinlich auch, warum ich zehn Tage zuvor den Eindruck hatte, dass Hitler rund um die Uhr arbeitet. Und noch etwas: Am 25. Juni, also drei Tage nach dem Einmarsch der Wehrmacht in Russland, habe ich wieder meinen Eltern geschrieben.

»Was sagt ihr zu dem neuen Krieg? Momentan war ich sehr erschrocken. Jetzt ist es vorbei. Ich habe das Gefühl, dass es auch dort schnell gehen wird. Ebenso wie in Frankreich.«

Ich glaube, dieser Fehleinschätzung braucht man nichts hinzufügen.

In Ihren Briefen berichten Sie von mehreren gemeinsamen Ausflügen mit Eva Braun. Erzählen Sie uns davon.

Ich bin öfter mit Eva Braun und ihren beiden Hunden nach München gefahren. Dienstlich. Sie hatte dort in der Wasserburgstraße ein Haus. Es war vielleicht keine Villa, aber doch zumindest ein größeres Einfamilienhaus mit einem Garten. Ich habe dort immer im ersten Stock übernachtet. Außerdem gab es dort noch eine ständige Angestellte namens Paula, die auch kochte. Eva Braun ist hauptsächlich nach München gefahren, um sich mit alten Freunden aus ihrer Jugend und ihrer Schulzeit zu treffen. Aber oft ist sie auch ins Theater oder in die Oper gegangen. Für mich waren diese Ausflüge, auch wenn sie rein dienstlich waren, immer eine aufregende Sache, die ich sofort meinen Eltern berichtet habe. Trotz der Zensur, denn eigentlich durfte ja niemand wissen, wer Eva Braun war. Und schon gar nicht ihre besondere Rolle.

Diese – ebenfalls aus dem Papierkorb »gerettete« – Aufnahme entstand im Sommer 1941 am Königssee während eines Badeausfluges und zeigt Eva Braun beim missglückten Versuch, einen Kopfstand zu machen. Annas Erinnerungen zufolge war Eva Braun eine »sehr gute« Turnerin – auch wenn sie sich am Berghof kaum sportlich betätigte. Lediglich ausgedehnte Spaziergänge mit ihrer Freundin Frau Schneider standen am Programm.

»Ihr wollt jetzt sicher noch wissen, was es in München dienstlich zu tun gab. So ungefähr kann ich das ja schreiben. Eine Dame ersten Ranges kam von einer Reise in München an und wohnte dort einige Tage in ihrer Villa. Sie ist sonst Gast vom Berghof und musste daher empfangen werden. Wir packten die Sachen aus und waren eben bei ihr zur Bedienung. Gretel ist noch dort! Ich war nicht mehr notwendig und brauchte nur bei der Ankunft da sein. Namen sind ja Nebensache! Nächste Woche werden sicher wieder einige Damen kommen. Da ist man dann wieder Zimmermädchen. Da geht es: bitte sehr, gnädige Frau! u.s.w. Eine Sicherheit im Auftreten bekommt man bei der Sache schon. Was ist gegen den Verkehr hier zum Beispiel eine Frau Doktor aus Loosdorf? Eigentlich ist das für mein Wesen der idealste Beruf. Ich habe mich schon immer für so etwas interessiert. Gestern probierte ich im Schlafzimmer des Führers Hausschuhe. Sie sind mir aber zu groß. Er hat Schuhgröße 44!«

Durften Sie Eva Braun auch in die Oper begleiten?
Nein. Das war ausgeschlossen. Aber sie hat mir einmal ihre eigene Opernkarte geschenkt. Für mich war das ein ganz besonderes Erlebnis, da ich die Oper liebte. Schon als Kind hatte ich Klavierspielen gelernt und war der Musik immer sehr verbunden. Jedenfalls saß ich an diesem Abend gemeinsam mit der Köchin Paula in der schönsten Loge. Ein Zimmermadl und eine Köchin sitzen in der Münchner Oper alleine in der Loge von Reichsschatzmeister Franz Xaver Schwarz. Sämtliche Ferngläser waren selbstverständlich auf uns gerichtet. Ein eigenartiges Ge-

In einem Rasthaus am Chiemsee war Zwischenstation bei einer Fahrt vom Berghof nach München zu Eva Brauns Haus in der Wasserburgstraße. Im Bild sind Gretel Mittlstrasser und Zimmermädchen Anna zu erkennen. Die Ausflüge nach München waren nicht nur für Eva Braun eine willkommene Abwechslung. Auch die Zimmermädchen schätzten die Dienstreisen, zumal es am Berghof recht langweilig werden konnte.

fühl. Übrigens wurden an diesem Abend die Cavalleria Rusticana und der Bajazzo gegeben. Für mich war es freilich ein beeindruckender Abend. Aber auch ein lustiger. Denn nach einiger Zeit drehte sich die Köchin Paula zu mir und sagte: »Fufzig sans«. »Was? Was meinst?« »Fünfzig sind's. Fünfzig Musiker.«

Was gab es denn in München noch zu tun? Abgesehen von den Opernbesuchen?
Zum Beispiel mussten Eva Brauns Hunde zum Hundefriseur gebracht werden. Das gab es wirklich. Die Hunde wurden dort gebadet und das Fell getrimmt. Der erste Hund hieß Negus. Das war ein schwarzer Scotch-Terrier. Negus war ein Männchen und nach dem abessinischen Kaiser benannt, gegen den Mussolini Krieg führte. Wahrscheinlich weil der Hund so schwarz war. Ich weiß es nicht mehr genau. Jedenfalls hat Eva Braun irgendwann einmal gemeint, dass Negus nicht so alleine sein sollte.

Also bekamen wir einen zweiten Hund, ein Weibchen namens Stasi. Stasi war ein typisch bayerischer Name. Auch Stasi war ein reinrassiger schwarzer Scotch-Terrier. Es war ja sehr wichtig, dass er auf jeden Fall reinrassig war.

Dabei fällt mir ein witziger Vorfall mit Döring ein. Mitten am schönen Teppich im Stiegenhaus des Berghofs hab ich Stasi und Negus erwischt, als sie gerade versucht haben, sich voneinander zu trennen. Aber offenbar gelang ihnen das nach vollzogenem Akt nicht. Also bin ich zu Döring gelaufen. »Kommen S' schnell. Die Hunde, die Hunde.« Na ja,

Eva Brauns Scotch-Terrier »Negus«. Die Hunde waren Eva Brauns liebste Beschäftigung. »Negus«, ein Männchen, war der erste Hund. Im Jahr 1941 kaufte Eva »Negus« ein Weibchen, das sie »Stasi« taufte. Ihre Begründung: »Negus« sollte nicht so viel alleine sein. Anna fuhr mit Eva Braun mehrfach mit den Hunden nach München. So ungewöhnlich es klingen mag: Aber die Hunde wurden zu einem eigenen »Hundefriseur« in München chauffiert.

ich war mit dem Intimleben von Hunden nicht besonders vertraut, also habe ich den Döring zu Hilfe gerufen. Döring kam den Gang heruntergelaufen und schlug die Hände über dem Kopf zusammen: »Was soll ich denn tun? Ich kann sie auf dem schönen Teppich doch nicht mit kaltem Wasser übergießen.«

Eva Brauns zweiter Hund »Stasi«. Das Weibchen wurde im Herbst 1941 angeschafft und sorgte schon bald für einige Aufregung am Berghof. Im Frühjahr 1942 ertappte Verwalter Döring die Hunde beim Kopulieren auf Hitlers repräsentativer »großen Treppe«.

Und was hat er dann getan?

Er hat gesagt: »Gehen wir einfach weg und tun so, als hätten wir nichts gesehen.« Also haben wir die Hunde sich selbst überlassen. Aber was hätte Döring denn auch tun sollen?

Da gab's aber noch einen anderen Vorfall: Stasi, der jüngere Hund, hat kurz nach seiner Ankunft am Berghof eine »Leo«-Pille, die Eva Braun gehörte, verschluckt. Das war ein Abführmittel. An diesem Tag war ich gerade dabei, einen Brief an meine Eltern zu schreiben, der dann mit dem Satz endete: »Na, das kann ja lieb werden! Ich gehe am besten mit ihm ins Freie.«

Die Ausflüge nach München dürften eine unterhaltsame Abwechslung für Eva Braun gewesen sein.

Ich kann mich noch daran erinnern, dass ich einmal »auswärts« übernachten musste, also nicht im Haus in der Wasserburgstraße. Eva Braun hat wohl Besuch gehabt – jedenfalls hat man mich in einer Art Kaserne am Prinzregentenplatz untergebracht, einem Gebäude, das umgangssprachlich als »der Führerbau« bezeichnet wurde. Dort übernachtete normalerweise das Begleitkommando des Führers. Ich bekam ein Schlafzimmer mit sieben leeren Feldbetten. Die Bettwäsche war extrem schmutzig, was ich am nächsten Morgen auch gleich der Eva erzählt habe. Bei solchen Dingen wurde sie sehr ungehalten. Sie hat sofort die Verwalterin dieses Hauses antreten lassen und ihren Unmut geäußert. In solchen Situationen konnte sie schon sehr laut werden. So etwas dürfe nie wieder vorkommen, hat sie gemeint.

Aber insgesamt war München für mich genauso mit Arbeit verbunden wie der Berghof. Im Prinzip tat ich dasselbe für Eva Braun, nur eben in kleinem privatem Rahmen in München statt am Berghof. Ich habe serviert, wenn Besuch kam – meistens »einfache Leute«, also keine Politiker oder Prominente, sondern ehemalige Mitschülerinnen und Arbeitskolleginnen oder Freunde der Familie Braun. Eines Tages gab es gebratene Ente. Beim Servieren habe ich natürlich mit angehört, was bei Tisch gesprochen wurde. Man diskutierte über die Stellung der Kirche, und Eva wurde ziemlich deutlich. Sie hat es nicht gern gesehen, dass die Religion von einigen wichtigen Politikern der Partei so zur Seite gedrängt wurde, vor allen Dingen von Bormann und dem Chef der SS, Heinrich Himmler. Man könne doch alten Frauen, die ihre Söhne an der Front verlieren, nicht auch noch den Glauben nehmen, der ihnen Trost spendet, hat sie gesagt. Der Himmler solle mit seinen Religionsideen doch warten, bis der Krieg vorbei sei. Und für den Bormann gelte dasselbe.

War Eva Braun denn religiös?

Nein, das glaube ich nicht. Keine Spur. Am Berghof war Religion absolut tabu. Meine Eltern hatten mich ja sehr religiös erzogen, aber meine Religiosität habe ich schon bei meiner Ankunft am Berghof vorübergehend in den Ruhestand geschickt. Denn das war ein Tabuthema.

Wie hat sich das denn am Berghof geäußert, dass Religion ein Tabu ist?

Das beste Beispiel hierfür ist Bormann, der von Religion überhaupt nichts gehalten hat. Er hat mit allen Tricks gearbeitet.

Was meinen Sie mit Tricks?
Er kam ganz hektisch in den Aufenthaltsraum des Personals gestürzt. »Hat jemand ein Gebetbuch? Ich brauche dringend ein Gebetbuch«, hat er gerufen. »Ich brauche sofort ein Gebetbuch!« Und wehe, es hätte jemand eines bei sich gehabt oder auch nur angefangen, nach einem zu suchen. Das war Bormanns Lieblingsfalle. Döring hat diese Geschichte hundert Mal erzählt. Und wehe dem, der Bormann ein Gebetbuch gegeben hätte, hat er immer gesagt. Der könnte noch am selben Tag seine Sachen packen. Wir waren also gewarnt.

Aber Bormann hat sich auch noch andere Dinge einfallen lassen. Er hat immer wieder andere Fahrtrouten zum Obersalzberg genommen. Und jedes Marterl, das er am Weg zum Berghof gesehen hat, ließ er kurzerhand entfernen. Das war ihm scheinbar sehr wichtig.

Auf der anderen Seite wurden aber christliche Feste auch am Berghof groß gefeiert. Auch zu Nikolaus, der bekanntlich als apostelgleich gilt.

So schrieb ich am 5. Dezember 1941 an meine Eltern: »Heute war ein so schöner Nikolaus bei unseren Kindern (Frau Döring). Einen so schönen habe ich wirklich noch nie gesehen.«

Zurück zu Eva Braun. Die hatte ja eine Schwester namens Gretel, die sehr oft zu Besuch am Obersalzberg war. Kannten Sie auch Gretel Braun?
Selbstverständlich. Die Gretel war dauernd zu Besuch. Sie war eine sehr hübsche, lebenslustige Dame. Ehrlich gesagt glaube ich, es war ihr am Berghof grundsätzlich zu

Martin Bormann wurde am 17. Juni 1900 als Sohn eines Postbeamten in Halberstadt geboren. Nach dem vorzeitigen Abbruch seiner schulischen Ausbildung arbeitete er auf einem Gut in Mecklenburg. Er trat dem Freikorps »Roßbach« bei und wurde in einen Fememord verwickelt, wofür er 1924 zu einem Jahr Haft verurteilt wurde.

Nach seinem Eintritt in die NSDAP im Jahr 1927 machte er rasch Karriere innerhalb der Partei. Der Funktion als Gaupressewart in Thüringen folgte 1928 jene eines Gaugeschäftsführers.

Im Juli 1933 wurde er zum Stabsleiter bei Rudolf Heß berufen. Er initiierte die Hilfskasse der NSDAP, war der Verwalter von Hitlers Privatvermögen und kontrollierte die Finanzen aller Gau- und Reichsleiter. Nach dem Flug von Rudolf Heß 1941 nach Großbritannien wurde Bormann sein Nachfolger als Leiter der Parteikanzlei mit den Befugnissen eines Reichsministers. Stets war er um eine Festigung der Position der Partei gegenüber der Wehrmacht und der SS bemüht.

Besonders fanatisch zeigte sich der Atheist Bormann im Kampf gegen die christlichen Kirchen. So durfte keiner der Angestellten der Parteikanzlei am Obersalzberg einer Religionsgemeinschaft angehören. Ebenso vehement war er in seiner Forderung von radikalen Maßnahmen gegen die Juden, die Völker in den besetzten Ostgebieten und die Kriegsgefangenen. 1942 unterzeichnete er den Erlass, wonach die endgültige Beseitigung der jüdischen Bevölkerung aus dem Gebiet Großdeutschlands nicht durch Auswanderung zu erfolgen habe, sondern durch deren Ermordung in den Sonderlagern des Ostens.

Bormann verstand es, seine Position in der Partei zu stärken, indem er sehr bemüht war, immer auf dem Laufenden zu sein (auch im Hinblick auf die Bereiche, die ihm nicht unterstanden), und auf die geringfügigsten Wünsche und Winke Hitlers einging. Der große Durchbruch war die Übertragung der Bauleitung am Obersalzberg. Hier regierte er mit eiserner Hand, was ihm den Spitznamen »der Herrgott vom Obersalzberg« einbrachte. Seine Herrschsucht bekam auch seine Familie zu spüren. Mit seiner Frau hatte er zehn Kinder, bei denen er auch nicht vor Züchtigungen mit der Reitpeitsche zurückschreckte.
Als »Sekretär des Führers« und Chef der Parteikanzlei waren ihm enorme Machtbefugnisse der Partei- und Staatsführung zugefallen. Fast jedes an Hitler gerichtete Schreiben ging durch Bormanns Hände. Er entschied, was der Führer zu Gesicht bekam. Für unliebsame Schreiben gab es bereits vorgedruckte Ablehnungsbescheide. Durch seine Ränkespiele verstand er es, Konkurrenten in der Gunst des Führers auszuschalten, und wurde besonders in den letzten Kriegstagen Hitlers engster Vertrauter. Als Hermann Göring kurz vor Kriegsende Anstalten machte, im Falle von Hitlers Gefangennahme oder Tod die Staatsleitung zu übernehmen, war es Bormann, der Göring des Hochverrats bezichtigte und den Führer davon zu überzeugen suchte. Nach Hitlers Selbstmord verließ Bormann am 30. April 1945 – von Hitler angewiesen, »die Interessen der Nation über die eigenen Gefühle zu stellen« – den Bunker der Reichskanzlei. Während des Fluchtversuches aus Berlin kam Martin Bormann am 2. Mai 1945 ums Leben.

langweilig. Ich vermute, dass sie gerne mehr Herrengesellschaft gehabt hätte. Wir waren ja eigentlich nur Frauen da oben – zumindest, wenn Hitler nicht da war.

Außerdem war da noch Frau Schneider, eine Jugendfreundin von Eva, die immer wieder zu Besuch kam. Sie war wochenlang mit ihrem Kindermädchen und ihren zwei Kindern am Berghof. Ihre Tochter Uschi war damals etwa drei Jahre alt, das zweite Kind erst sieben Monate. Da gab es auch einen Vorfall, den ich nicht vergessen werde: Das Kindermädchen hat das Baby nach dem warmen Bad mit eiskaltem Wasser abgeduscht. Das Baby hat natürlich gebrüllt wie am Spieß. Ich war entsetzt. Aber die Antwort kam wie aus der Pistole geschossen und war typisch für diese Zeit: Das Kind müsse abgehärtet werden. Das sei wichtig.

Und dann war da noch Frau Dreesen aus Bad Godesberg am Rhein. Sie war die Besitzerin des Hotels Dreesen, eines sehr noblen Hotels, in dem die Partei-Bonzen gerne abgestiegen sind.

Ein historisch bedeutender Ort, dieses Hotel Dreesen. 1938 hat dort der britische Premierminister Neville Chamberlain übernachtet, als er mit Hitler über die Sudetenkrise verhandelte.

Frau Dreesen wurde am Berghof auch dementsprechend behandelt. Bei einem ihrer Besuche hat sie einmal während des Kaffees gemeint, sie müsste eigentlich auch einen Blutsorden bekommen.

Warum? Weil Hitler so gerne in ihrem Hotel abgestiegen ist oder weil sie für die Nazis so viel getan hat?
Nein, nein. Der Grund ist viel lächerlicher. Weil jemand sie bei einem Parteiaufmarsch mit einer Nadel in den Allerwertesten gestochen hatte. Lächerlich. Aber die anwesenden Damen, wie zum Beispiel Gretel Braun und Frau Schneider, fanden das sehr lustig.

In privater Damenrunde war es offenbar am Berghof recht angenehm. Wenn Hitler nicht da war, dürfte es ja nicht sonderlich viel zu tun gegeben haben, oder?
In diesem Fall waren wir in Wahrheit unsere eigenen Gäste. Es gab nicht viel zu tun, denn man musste ja keine Gästezimmer aufräumen, es gab kaum etwas zu servieren, und außer Eva Braun und Frau Schneider war praktisch nie jemand da, für den wir sorgen mussten.

Wer war denn diese Frau Schneider, dass sie so oft am Berghof zu Gast war?
Eine Jugendfreundin von Eva. Jedenfalls hat Frau Schneider von dieser Jugendfreundschaft sehr stark profitiert, wenn ich das mal so sagen darf. Aber andererseits habe ich natürlich auch Eva Braun verstanden. Denn was hätte sie denn den ganzen Tag lang tun sollen? Sie war froh, dass wenigstens Frau Schneider und deren Kinder da waren.

Eva Braun hatte bereits Anfang der Dreißigerjahre zwei Selbstmordversuche unternommen. Hatten Sie den Eindruck, dass sie depressiv war oder litt? Dass sie sich am Berghof sozusagen zu Tode langweilte?
Ich hatte den Eindruck, dass sie sehr oft mit Hitler telefoniert hat. Trotzdem waren ihre Freundinnen und ihre Schwester eben ihre einzige Chance, sich ihr Leben halbwegs angenehm zu gestalten. Denn eigentlich gab es für sie kaum etwas zu tun. Sie war nicht Hitlers Frau, deshalb konnte sie in der Öffentlichkeit auch nicht als solche auftreten. Und wenn Hitler am Berghof war, musste sie erst recht in den Hintergrund treten, was bestimmt nicht einfach für sie war. Aber ich denke, dass sie durch ihre abgöttische Liebe zu Hitler bereit war, diese Opfer auf sich zu nehmen. Selbst uns Zimmermädchen war klar, warum Hitler Eva Braun nicht zur ersten Frau im Reich gemacht hat – die meisten Frauen Deutschlands haben Hitler verehrt und ihn angehimmelt. Aber genau aus diesem Grund musste er natürlich frei und ungebunden bleiben. Auch Eva Braun hat Hitler angehimmelt und bei jeder Gelegenheit von seinen schönen blauen Augen geschwärmt. Genauso wie Frau Schneider. Und auch mich haben Hitlers Augen fasziniert. Ich habe oft vor seinem Bild gestanden, das er Eva Braun geschenkt hatte, und habe ihn mir angesehen. Heute denke ich, dass Eva Braun geglaubt hat, Hitler würde sie eines Tages doch noch heiraten.

Außerdem war Krieg, das hat bedeutet, dass alle Opfer bringen mussten. Viele Frauen hatten ihre Männer an der Front, und viele haben sie dort auch verloren. Meiner Meinung nach hat sie versucht, ihre eigene Situation so ähnlich zu sehen oder fast zu vergleichen. Dass der Führer sozusagen im Krieg gebraucht wurde und dass sie deshalb eben zurückstecken musste. Wenn Hitler nicht da war, ist sie ständig vor seinem Porträt gestanden – diesem Gemälde von dem Maler aus Bad Tölz, das sie von Hitler zum Geburtstag bekommen hatte – und gemeint, Hitlers Augen kämen darauf so schön zur Geltung. Dieses Bild hatte in ihrem Zimmer einen Ehrenplatz an der Wand. Sie hat auf ihre Weise versucht, mit ihrem Leben zurechtzukommen. Und dabei hat ihr zumindest materiell nicht viel gefehlt: Schließlich bekommt ja nicht jede Geliebte einen Berghof »geschenkt«.

Das klingt aber mehr nach einem goldenen Käfig.

Das war es eigentlich auch. Für Eva Braun ganz bestimmt. Und selbst ich als kleine Angestellte konnte das nachempfinden, weil es mir genauso gegangen ist. Einerseits konnte man den Berghof nur selten verlassen, andererseits gab es alles im Überfluss. Im Juni 1941 hat ja auch der Russland-Krieg angefangen – und kurz darauf kam Stalingrad, und zwar mit allem, was dazugehört. Das galt zuerst vor allem für die Soldaten an der Front. Aber eben noch nicht für uns. Am Berghof gab es damals noch alles.

Bleiben wir beim Verhältnis von Hitler und Eva Braun. Was bekam man als Angestellter denn von diesem Staatsgeheimnis mit, wenn Hitler persönlich am Berghof anwesend war? Wie haben sich die beiden die Zeit vertrieben?

So gegen 15 Uhr sind die beiden immer gemeinsam ins Teehaus gegangen. Das dürfen Sie aber nicht mit dem weltberühmten Teehaus am Kehlstein verwechseln, das Hitler häufiger genutzt hat, um Staatsgäste zu beeindrucken. Hitlers Hunde waren immer mit von der Partie – sein deutscher Schäferhund, der Blondi hieß, soweit ich mich erinnern kann. Und außerdem die Hunde von Eva Braun, Stasi und Negus. Die Hunde haben sich gut vertragen und durften frei im Gelände herumlaufen. Außerdem haben an dieser Teezeremonie die jeweiligen Gäste des Hauses teilgenommen, und Hitlers Diener haben serviert. Diese Diener haben sogar Uniformen getragen, waren aber nicht bewaffnet. Oft war auch Hitlers Leibarzt Dr. Morell mit dabei. Ebenso wie der zweite Leibarzt, Doktor Brandt. In der Regel umfasste die komplette Gesellschaft ungefähr zehn Personen.

Vom Haupthaus zum Teehaus brauchte man zu Fuß ungefähr zehn Minuten. Hitler hat sich sehr sicher gefühlt, denn wenn er sich auf den Weg zum Teehaus gemacht hat, wurden keine zusätzlichen Wachen aufgestellt. Die Wachsoldaten standen beim Haus Türken. Im Freien. Tag und Nacht. Wie Zinnsoldaten. Seltsam, aber in all der Zeit habe ich kein einziges Mal mit einem dieser Wachposten auch nur ein Wort gewechselt. Jedenfalls war Hitler auf dem Weg zum Teehaus relativ ungeschützt.

Im Teehaus gab es meist Käsekuchen, was Hitlers Lieblingsmehlspeise war. Unsere Köchin Lilli hat ihn extra für ihn gebacken. Den hat er so gern gegessen, dass er ihm sogar nach Berlin ins Führerhauptquartier nachgeschickt wurde. Diese Besuche des Teehauses waren sozusagen der tägliche Fixpunkt, wo Eva Braun und Hitler zusammentrafen. Die restliche Zeit hat Hitler in seinem Arbeitszimmer verbracht, wo man ihn keinesfalls stören durfte.

Karl Brandt wurde am 8. Januar 1904 in Mühlhausen im Elsaß als Offizierssohn geboren. Er studierte Medizin in Jena, Freiburg, München und Berlin.
Erst im März 1932 trat er der NSDAP bei. Zufällig leistete er Erste Hilfe bei einem Adjutanten Hitlers und kam so schon im Jahr 1934 als ständiger Begleitarzt zu Hitler. Brandt trat danach der SS bei und machte schnell Karriere. Im Herbst 1939 bekam er von Hitler den Auftrag für die Umsetzung des berüchtigten NS-Euthanasieprogramms zur »Vernichtung lebensunwerten Lebens«. Daneben war Brandt auch für Menschenversuche in Konzentrationslagern zuständig und verantwortlich.
Brandt fiel bei Hitler erst in Ungnade, als er offen Kritik an den Behandlungsmethoden von Hitlers Leibarzt Theodor Morell äußerte. Umgehend wurde er als Begleitarzt Hitlers entlassen. Mitverantwortlich für den tiefen Fall von Brandt war Martin Bormann, der bei Hitler geschickt Stimmung gegen Brandt machte.
Und damit nicht genug: Im April 1945 wurde Brandt auf ausdrücklichen Befehl Hitlers verhaftet, weil er seine Frau aus dem umkämpften Berlin gebracht hatte. Ein Standgericht verurteilte Brandt sofort zum Tod. Die Exekution konnte von ranghohen NS-Funktionären allerdings erfolgreich verschleppt werden.
Trotzdem: Schon kurz nach Kriegsende wurde Brandt von den Alliierten verhaftet und im Nürnberger Ärzteprozess wegen seiner persönlichen Beteiligung an Menschenversuchen zum Tod verurteilt und im Juli 1948 hingerichtet.

Ich glaube, das hat auch in gewisser Hinsicht für Eva Braun gegolten.

Hitler und sein Personal. Er kannte alle Mitarbeiter des Dienstpersonals beim Namen. Hier begrüßt er Köchin Lilli, die Hitlers bevorzugte Mehlspeise, Käsekuchen, gebacken hat, der ihm regelmäßig eigens nach Berlin nachgeschickt wurde.

Die Stimmung im Teehaus war immer sehr freundlich. Manchmal hat Eva versucht, Hitler eine kleine Freude zu bereiten, beispielsweise hat sie sich extra für ihn ein Dirndl angezogen. Aber trotz aller Freundlichkeit zwischen den beiden kann ich mich nicht erinnern, dass Hitler und Eva

Braun beim Nachmittagstee oder ähnlichen halb öffentlichen Gelegenheiten jemals Händchen gehalten hätten oder dass es gar einen Kuss gegeben hätte. Die Aufenthalte im Teehaus haben normalerweise ungefähr eine Stunde gedauert. Nicht länger. Danach hat sich Hitler sofort wieder in sein Arbeitszimmer zurückgezogen. Alleine. Und das bedeutete, dass im Haus wieder absolute Ruhe herrschen musste, damit er auf keinen Fall gestört wurde. Während er im Teehaus war, herrschte bei uns Hochbetrieb. Zu dritt mussten wir Zimmermädchen durch die Räumlichkeiten des Führers, von Eva Braun und durch die Zimmer der Gäste gehen: Die Bäder wurden gereinigt, fehlendes Obst in den Schalen nachgefüllt, sämtliche Handtücher ausgetauscht, die Betten hergerichtet und tausend Kleinigkeiten erledigt.

Deshalb kann ich zumindest so viel sagen: Hitler ist untertags nie in seinem Bett gelegen. Auch Eva Brauns Bett schien tagsüber immer unangetastet. Das erwähne ich deshalb, weil Döring, der Hausverwalter, ja in Interviews gesagt hat, Hitler und Eva Braun hätten kein intimes Verhältnis gehabt. Nun ja, Döring hat sie ja später auch als blödes Nockerl bezeichnet. Damals, also 1941 und 1942, hat er sie aber noch »gnädiges Fräulein« genannt.

Was also die intime Beziehung zwischen Hitler und Eva Braun betrifft, kann ich nur sagen, dass sich Gretels Schilderungen grundlegend von den Behauptungen Dörings unterschieden. Denn schließlich war Gretel diejenige gewesen, die für Eva Braun Medikamente besorgen musste, damit sie ihren Zyklus verschieben konnte, wenn der Führer gerade am Berghof war.

Köchin Lilli im Kreis ihrer Küchengehilfinnen. Während im gesamten Deutschen Reich die Versorgung mit Lebensmitteln nur mehr mittels Marken funktionierte, herrschte am Berghof noch Überfluss. Schildkrötensuppe um zwei Uhr morgens war keine Seltenheit.

Sprechen wir doch über die besonderen Annehmlichkeiten, die es am Berghof gab. Sie haben vorher erwähnt, dass es durchaus üblich war, dass Gesellschaftsabende recht lange dauern konnten. Gab es also rauschende Feste am Berghof, während in Russland Soldaten erfroren sind?

Das ist wahrscheinlich zu viel gesagt, aber es gab natürlich trotzdem Gäste, die unterhalten werden wollten. Und das wurden sie auch. Zum Beispiel gab es im Keller des Hauses eine herrliche Kegelbahn. Da konnte es schon vorkommen, dass den Herrschaften um elf Uhr am Abend einfiel, dass sie jetzt unbedingt kegeln wollten. So etwas konnte dann schon bis zwei Uhr morgens dauern. Und zum Abschluss musste ich dann noch Schildkrötensuppe servieren. Das muss man sich einmal vor Augen halten: wir reden hier vom Frühjahr 1942. Es war ja nicht so, dass es außerhalb des Berghofs alles im Überfluss gegeben hätte. Ganz im Gegenteil. Aber bei uns gab es eben Schildkrötensuppe, und zwar aus ausländischen Konserven. Und auch uns, dem Personal, ist es nicht schlecht gegangen.

Meinen Eltern habe ich dazu geschrieben: »Heute ist für mich ein blauer Dienstag. Gestern war ich nämlich bei Willi und Gretel geladen, und da wurden natürlich einige Sekt- und Likörflaschen geleert. Heute werde ich am Abend ins Kino gehen.«

Das Kino war gleich am Gelände, unterhalb des »Platter-Hofes«. Organisiert wurde es von der Aktion »Kraft durch Freude«, die auch die entsprechenden Filme zur Verfügung stellte. Benutzt wurde dieses Kino vor allem von jenen Soldaten, die in der Kaserne am Obersalzberg untergebracht waren.

Eines interessiert mich jetzt besonders: Wer bestellt mitten im Krieg um zwei Uhr morgens Schildkrötensuppe?
Ich weiß nur noch, dass Martin Bormann dabei war. An diesem Abend waren die Gäste schon sehr ausgelassen, und die Stimmung war dementsprechend gelöst. Ich habe gesehen, wie Reichsleiter Bormann Gretel Braun fest umschlungen hielt und mit ihr tanzte. Dann verloren sie das Gleichgewicht und fielen beide zu Boden. Bormann warf mir sofort einen bösen Blick zu: »Anni! Sie haben nichts gesehen!«, hat er gesagt. Ich meine, Bormann war ja verheiratet und hatte Kinder. Seine Familie lebte auch am Gelände und hatte ein eigenes Haus ein Stück unterhalb des Berghofes. Außerdem war Eva Braun an diesem Abend auch mit von der Partie. Übrigens gab es sogar beim Tanzen Einschränkungen: Swing war streng verboten, lediglich »Bodenständiges« war erlaubt.

Gretel Braun war damals noch nicht mit dem später auf ausdrücklichen Befehl Hitlers hingerichteten Verbindungsoffizier Himmlers, Hermann Fegelein, verheiratet oder verlobt?
Nein, damals noch nicht. Ich glaube, sie kannte ihn zu diesem Zeitpunkt noch nicht einmal. Gretel Braun war eine lebenslustige, hübsche, junge Frau, und an Männern herrschte am Berghof immer ein eklatanter Mangel. Das ging sogar so weit, dass hin und wieder der Kino-Operateur beim Kegeln oder Tanzen herhalten musste, der normalerweise in dieser Gesellschaft ja nichts verloren gehabt hätte.

Der Berghof hatte ein eigenes Kino?
Am Berghof gab es einen Kellerraum, in dem Filme gelagert wurden. Jeder neue Film wurde an den Berghof geschickt. In der großen Halle gab es dann so etwas wie ein improvisiertes Privatkino. Das heißt, man hat einen Gobelin hochgezogen, hinter dem eine große Kinoleinwand installiert war. Wie in einem echten Kino. Täglich gab es eine eigene Filmliste, die Eva Braun vorgelegt wurde und aus der sie dann jenen Film auswählen konnte, den sie sich nach dem Abendessen ansehen wollte.

Wie muss man sich das denn vorstellen? Eva Braun sitzt allein in der großen Halle und sieht sich stundenlang Kinofilme an?
Na ja, meistens war auch Frau Schneider dabei und Gretel Braun selbstverständlich auch. Manchmal auch der Zahnarzt des Führers namens Doktor Richter. Also, die große Halle war ja weltbekannt. Ständig konnte man sie in der Wochenschau sehen. Übrigens war das dieser gigantische Raum, in dem auch der berühmte Globus stand, den viele aus dem Charlie-Chaplin-Film »Der große Diktator« kennen. An der Stirnseite des Raums war ein riesiges Fenster mit direktem Blick auf den Untersberg. An der Längsseite des Raums hing der enorm teure Gobelin, hinter dem sich die Kinoleinwand verbarg. An der gegenüberliegenden Seite war der Projektor diskret in der Wand untergebracht. Wenn man nicht wusste, dass dort ein Projektor war, wäre man nie darauf gekommen. Zu den Filmvorführungen mussten die schweren Sitzgarnituren umgedreht werden, damit die Gäste einen idealen Blick auf die Leinwand

hatten. Das war auch eine der Aufgaben für die Zimmermädchen. Dann wurde Sekt bereitgestellt, und auf dem großen Marmortisch wurden Schalen mit Konfekt serviert. Manchmal hat Eva ein Film nicht gefallen. In diesem Fall hat sie ihn einfach unterbrechen lassen und einen anderen Film aus der Liste ausgesucht.

In der »Halle« befand sich das Kino des Berghofs. Die Leinwand war hinter einem Gobelin versteckt. Fast jeden Abend sah Eva Braun die neuesten Filme. Kleidungsstücke von Schauspielerinnen wie Jenny Jugo wurden dabei begutachtet und eigens nachgeschneidert.

Hitlers Lieblingsschauspielerin war übrigens Jenny Jugo. Eva Braun hat immer genau beobachtet, welche Kleider die Schauspielerinnen trugen. Einmal kam es sogar vor, dass

Der Berghof

Der Berghof in der Vorderansicht. Im ersten Stock erkennt man Hitlers Arbeitszimmer mit den drei Türen zum Balkon. Links vom zentralen Teil des Hauses liegen der Personalraum und der Speisesaal, im Erdgeschoss des Haupthauses befindet sich die »Halle«, ein repräsentativer Saal mit einem überdimensional großen Fenster, das einen überwältigenden Ausblick auf den Untersberg bot.

Seitenansicht des Berghofs samt Auffahrt zum Paradeplatz, wo Hitler seine Gäste empfing. Gleich über dem Eingangsbereich liegen Hitlers private Räumlichkeiten.

Wintergarten und Terrasse. Im ersten Zimmer auf der rechten Seite aß Eva Braun fast täglich zu Abend. Im Hintergrund ist ein Teil des Untersbergs zu erkennen.

Die »Halle«. Den Deutschen war dieser Raum aus der Wochenschau be
bekannt. Und nicht nur den Deutschen: Der Globus auf der linken Seit
durch Charlie Chaplins Klassiker »Der große Diktator« weltberühmt.

Die Halle aus einer anderen Perspektive. Im Hintergrund ist jenes Klavie
auf dem Zimmermädchen Anna – freilich nur während keine Gäste im H
ren – spielen durfte. Die Türe links vom Klavier führt in das private Spei

Eva Brauns »Wohn- und Speisezimmer«. Nach dem Abendessen wurde ihr täglich eine Liste mit Kinofilmen vorgelegt, aus denen sie jene Filme auswählte, die ihr im Anschluss in der Halle vorgeführt wurden.

Der von Hand colorierte Bildband befindet sich noch heute im Besitz von Anna Plaim. US-Journalisten boten Anna Plaim Unsummen für dieses angeblich letzte noch existierende Exemplar.

Hitlers Arbeitszimmer. Links führen drei Türen zum Balkon des Führers, zwischen den Türen hängen die Bilder von Hitlers Mutter (links) und seinem Vater (rechts). Im unteren Bild ist die Tür zu Hitlers Schlafzimmer kaum zu erkennen.

Vor diesem Kamin aus rotem Marmor wurde im Jahr 1941 Weihnachte
Wie am Berghof durchaus üblich, zog sich die Feier bis in die frühen M
stunden.

Hitlers Speisesaal. Adolf Hitler saß für gewöhnlich nicht am Tischende, sondern in der Mitte der rechten Reihe. Der ganze Raum war übrigens Zirbelholz gehalten.

Das Untersbergzimmer. Rudolf Heß bewohnte diesen Raum vor seiner Schottland-Reise. Anna musste das Zimmer reinigen und fand dabei Ur
von Medikamenten.

Gegenüber von diesem Gobelin in der Halle befand sich die Kinoleinwand. Vor Filmvorführungen mussten die Sessel gewendet werden, damit die Gäste einen idealen Blick hatten. Für die Damen des Hauses waren die Filmabende der Höhepunkt des Tages.

eine Schauspielerin exakt dasselbe Kleid trug, das sich Eva Braun eigens in einem Berliner Salon hat anfertigen lassen. Ich weiß nicht mehr, ob Eva Braun eine Kopie des Kleides aus dem Film hat schneidern lassen oder ob es umgekehrt war.

Jedenfalls waren die Damen ganz aufgeregt wegen dieses Kleids. »Dir steht das Kleid doch viel besser«, »An dir wirkt es unendlich schöner«. In dieser Art ging das eine Ewigkeit. Manchmal durfte auch das Küchenpersonal in die Halle kommen, um sich einen neuen Film anzusehen. Ich kann mich noch gut daran erinnern, dass die Gäste die Sektflaschen, die wir zuvor serviert hatten, häufiger nicht ganz ausgetrunken haben. Sobald die Gäste weg waren, haben wir Zimmermädchen abgeräumt und den restlichen Sekt getrunken. Schließlich war ja niemand mehr da, der uns hätte erwischen können.

Zum Leben der »Damen« am Berghof und den großen Abendessen der Herrschaften gibt es einen Brief vom 14. Juli 1941, der sehr treffend beschreibt, wie am Berghof in großbürgerlichem Stil gelebt wurde:

»Wenn der Führer da ist, dürfen ja bekanntlich nur Diener servieren. Jetzt aber, bei den Damen, müssen wir es machen. Ich habe das Tischdecken und Servieren schon von Gretel gelernt. Vor einigen Tagen musste ich es nun zum ersten Mal allein machen. Es waren vier Personen zu Tisch. Unsere drei Damen (Namen tun ja nichts zur Sache, jedenfalls waren sie ganz was Großes) und ein Herr Dr. Richter, der Zahnarzt des Führers. Es ist ganz unglaublich, was da alles dazu gehört, bis so ein Tisch vorschriftsmäßig gedeckt ist. Also, ich war eben beim Herumreichen der Speisen, da kommt Gretel und meldet Herrn und Frau

Reichsleiter Bormann. Mir ist gleich alles durcheinander gegangen. (In meinem Hirn, meine ich!) Nachher haben Gretel und ich zusammen serviert.

Später gab es einen Film in der Halle und da musste ich auch Sekt herumreichen. Das ist ja übrigens jeden Tag. Mutter, Du wirst Dich sicher wundern, wenn ich Dir nun erzähle, wie so das Leben großer Damen ist.

Um zirka 12 Uhr werden sie wach und drücken sofort auf die Klingel. Da kommt natürlich gleich die Anni (das bin ich) dahergesaust. Sagt: ›Guten Morgen, gnädige Frau‹, macht die Fenster auf und sagt: ›Was wünschen gnädige Frau zu frühstücken?‹ Dann kommt sie (die Anni!) nach einer Weile mit einem riesigen Silbertablett ganz voll mit Tellerchen und Kännchen und baut alles kunstgerecht auf ein kleines Tischchen mit Rädern auf und schiebt es zum Bett. Dann zieht sie sich wieder geräuschlos zurück. Es ist durchaus nicht leicht, auf der linken Hand allein so ein großes Tablett zu tragen. Anfangs dachte ich mir, dass ich das nie zusammenbringen werde. Jetzt fühle ich mich so sicher dabei. Wenn einem das einmal so hinunterfallen würde, wäre ein Wert hin. Müsst denken, dass das alles wertvolles Porzellan und Kristall ist.

Die Damen gehen also dann ins Bad und später etwas spazieren. Essen tun sie den ganzen Tag nichts, vom Frühstück bis zum Nachtmahl. Das ist zirka um acht Uhr. Nachher gibt es den üblichen Film.«

Und weiter unten im selben Brief schreibe ich, dass es auch mir sehr, sehr gut geht: »Übermorgen gehe ich nach Berchtesgaden und lasse mir die Haare schneiden. Ich mache mir eine neue feine Frisur! Ein Bilderl lege ich bei, von meinem Ausweis. Leider ist es wieder einmal scheußlich geworden. Obst haben wir jetzt viel und herrliches. Pfirsiche, Kirschen, Marillen, Ringloten, mit einem Wort, alles. Ich trinke jetzt regelmäßig mittags und abends schwarzes Doppelmalzbier. Eis haben wir immer einige Sorten da. Da holt man sich natürlich auch öfter eines. Gestern hab ich so viel gegessen, dass ich mir gedacht hab, wenn ich da keinen Gletscher im Bauch zusammenkrieg!

Herzliche Grüße, Annerl«

Und ganz nebenbei sei erwähnt: Mit der Vertraulichkeit hat man es früher auch nicht so ernst genommen, wie man es heute tun würde. Am 21. August 1941 habe ich nämlich nach Hause geschrieben:

»Wir mussten jetzt einen Bogen unterschreiben, nichts Dienstliches in die Öffentlichkeit gehen zu lassen und auch untereinander nichts davon reden. Aber das ist ja selbstverständlich! Wir haben es ja auch bis jetzt nicht gemacht.«

Wie hat sich denn Eva Braun sonst die Zeit am Berghof vertrieben, wenn Hitler nicht da war?

Wenn sie in ihren Räumen war, hat sie sich meist mit den Hunden beschäftigt. Das konnte unendlich lange dauern. Außerdem hatte sie noch zwei Vögel, so genannte Dompfaffen, die sogar im Zimmer frei herumfliegen durften. Auch während wir die Zimmer gereinigt haben. Einer hat sich regelmäßig in den Vorhängen verfangen, was ein wenig unangenehm war, denn erstens durfte während der Zimmerreinigung kein Fenster geöffnet werden, und zweitens mussten wir, wenn wir fertig waren, die Vögel immer einfangen und zurück in den Käfig befördern. Manchmal war das beinahe unmöglich. In diesem Fall mussten wir eben warten, bis sie wieder von selbst in den Käfig zurückkehrten.

Die Zimmermädchen vom Berghof. Elfriede König (links), Resi Stangassinger (M.) und Anna Mittlstrasser hatten wenig Arbeit, wenn Hitler nicht am Berghof war. »Eigentlich waren wir zu dieser Zeit unsere eigenen Gäste«, resümiert Anna Plaim heute.

Während deutsche Soldaten im russischen Winter froren, herrschte am Berghof fröhliche Ausgelassenheit. In der »heilen Welt« am Obersalzberg wurde den Soldaten auch »geholfen«: Gemeinsam mit den »Damen des Hauses« musste das Personal Socken für die Front stricken, wobei die Damen nicht einmal das Fersenstück fertigen konnten.

Trotzdem muss ich Ihnen noch ein wenig von den Tagesabläufen erzählen, denn ich möchte nicht, dass man einen falschen Eindruck davon bekommt, was den ganzen Tag über am Berghof so passiert ist. Ganz wichtig für die anwesenden Damen war zum Beispiel der Nachmittagskaffee. Dazu gab es ein eigenes Kaffeegeschirr, das von Hand mit einem Blumendekor bemalt war. Wirklich hübsch. Der Kaffeetisch musste von mir immer sehr sorgfältig gedeckt werden.

Dieser Nachmittagskaffee hat auch oft in Eva Brauns Wohnzimmer stattgefunden. Mit von der Partie war meist Frau Schneider, während Frau Bormann oder gar Frau Göring natürlich nie dabei waren. Dass sie ihnen zu minder gewesen ist, möchte ich nicht sagen, aber aus der Sicht von Frau Bormann und Frau Göring wäre es jedenfalls unpassend gewesen.

Ich kann mich an einen einzigen Besuch von Frau Bormann bei Eva Braun erinnern – für uns war das eine Überraschung mit Seltenheitswert. Frau Göring kam überhaupt nie zum Kaffee.

Jedenfalls wurde beim Kaffee oft Karten oder auch Bridge gespielt. Ich weiß noch, dass einmal ein gewisser Herr Professor Breker gemeinsam mit seiner Frau, einer Griechin, zu Gast am Berghof war. Breker galt damals als der Bildhauer schlechthin. Hitlers Ideale in Sachen Kunst hatten ja die Antike zum Vorbild, deshalb gefielen ihm auch Brekers Werke so gut. Schon vor seinem Besuch am Berghof waren wir nach München gefahren, um bei einer Kunstausstellung seine Objekte zu bewundern.

Nach dem Kaffee standen Spaziergänge im Gelände auf dem Programm. Selbstverständlich mit den Hunden. Das Gelände war ja riesig, denn die Bauern, die die Gegend vorher bewirtschaftet hatten, waren ja alle enteignet und abgesiedelt worden. Wenn man zum Beispiel in Berchtesgaden über die Salzachbrücke ging, stieß man schon auf den ersten Posten des Berghofs, bei dem man sich ausweisen musste. Zu Fuß brauchte man ungefähr zwanzig bis dreißig Minuten von der Salzachbrücke bis zum Berghof. Mir ist es nie gelungen, die ganze Gegend abzugehen. Die Anlage war einfach viel zu weitläufig. Ich kannte zwar einige Häuser wie das Gästehaus, die Häuser von Göring und Bormann, den Platter-Hof, der, soweit ich weiß, schon existiert hat, als Hitler den Berghof noch gar nicht besaß.

Und wie hat sich das Personal die Zeit vertrieben, wenn Hitler nicht persönlich am Berghof anwesend war? Besonders viel war dann ja nicht zu tun.

Wir waren drei Zimmermädchen. Mein Gott, worüber haben wir die ganze Zeit geredet? Die Resi, die ungefähr in meinem Alter war, kam aus der Gegend von Berchtesgaden. Und die Elfriede war ebenfalls so alt wie wir. Mit der Zeit sind wir recht gute Freundinnen geworden, allerdings hatte keine von uns einen Freund am Berghof selbst. Insofern waren wir dort recht isoliert, auch wenn wir hin und wieder weggehen konnten, ins Kino zum Beispiel. Von einigen Telefonaten einmal abgesehen, reduzierte sich der Kontakt zur Außenwelt auf Briefe. Ich hatte damals einen Freund namens Rupert, der mir sehr viele und sehr wertvolle Briefe geschrieben hat. Ob die Resi auch einen Verehrer hatte, weiß ich nicht mehr, die Elfi hatte jedenfalls keinen. Insgesamt haben wir meiner Ansicht nach eine sehr fröhliche Zeit miteinander verbracht. Wir haben oft gesungen und getanzt, selbst während unserer Arbeit, die wir meistens zu dritt erledigt haben. »Mei Muaterl wor a Weanerin« oder »Hü hü, alter Schimmel« hab ich oft gesungen – und die anderen haben mir zugehört. Im

Gefolgschaftsraum haben wir auch Schallplatten gehört und dazu getanzt. Ich kann diese Lieder noch heute auswendig singen. Und dann hatte ich noch die ausdrückliche Erlaubnis, dass ich am Klavier in der großen Halle spielen durfte. Allerdings freilich nur dann, wenn keine Gäste anwesend waren. Da ich keine Noten dabeihatte, habe ich meist »Das Glühwürmchen« oder einen Wiener Walzer gespielt – eben nur Stücke, die ich auswendig spielen konnte. Uns hat es also an nichts gefehlt. Das ging sogar so weit, dass ich Heimweh nach dem Berghof bekommen habe, wenn ich mit Eva Braun nach München fahren musste. Und auch sonst war diese Zeit sehr ereignisreich für mich.

Sie haben vorhin Ihren Freund Ruprecht erwähnt. Wer war das?

Ruprecht habe ich 1940 in Loosdorf kennen gelernt. Er war Deutscher und bei Freunden in Loosdorf zu Besuch. Er hat sich in mich verliebt, ich mich aber nicht in ihn. Er war schon bei der Wehrmacht, als ich ihn kennen gelernt habe. Jedenfalls hat er mir schon Briefe von der Front geschrieben, bevor ich meinen Dienst am Berghof angetreten habe. Aber auch während meines Aufenthalts dort ging der Briefwechsel weiter. Wir haben uns sehr oft geschrieben, allerdings habe ich seine Briefe leider nicht mehr.

Ruprecht hat mich geliebt, aber mich hat es sehr belastet, weil ich seine Liebe einfach nicht erwidern konnte. Und ich habe mich auch nicht getraut, ihm das zu schreiben. Diese Unehrlichkeit hat mir sehr auf der Seele gelegen. Ein Gedicht, das ich ihm zu Weihnachten geschickt

Hitlers lange Abwesenheit vom Berghof hatte für das Personal mehr Vor- als Nachteile. Zwar galt es, die Isolation und die Langeweile zu bekämpfen, allerdings blieb im Gegenzug genügend Zeit für Spiel, Tanz und Gesang.

habe, weiß ich noch. Es war Teil seines Weihnachtsgeschenks, das er von mir bekommen hat, eine herrliche Ledertasche mit kompletter Rasierausrüstung.

»Stell dir vor, es wäre Frieden. Und du bist in der Nähe deiner Lieben. Da wärst doch sicher drauf bedacht, dass dir der Bart beim Kuss nicht Schwierigkeiten macht. Aber geht's im Kampf auch hart auf hart, und es wächst und wächst der Bart. Rasier ihn weg, sei froh gestimmt. Wie's für einen Soldaten sich geziemt.« Rupp, wie ich ihn nannte, war damals bei den Gebirgsjägern in Russland, am Kaukasus. Einmal hat er mir auch Zeichnungen von Russen und Skizzen von der Front geschickt, damit ich seine Lage besser nachempfinden konnte.

Das war im Winter 1941, der grausam kalt war. Letztendlich ist er dann auch wenig später in Russland gefallen. Damit blieb es mir erspart, ihm gegenüber ehrlich zu sein. Und ihm, selbst draufzukommen, dass ich seine Liebe nicht erwidern konnte.

Es war unendlich traurig, dass Ruprecht und andere Männer leiden und sterben mussten, aber wir konnten schließlich keinen Einfluss darauf nehmen. Wir saßen gemeinsam mit den Gästedamen am Berghof, und unser Anteil bestand darin, Socken für die Soldaten an der Front zu stricken. Dabei waren die Damen nicht einmal in der Lage, den Fersenteil für die Socken hinzubekommen. Aber was hätten wir tun sollen? Jeder musste seine so genannte Pflicht erfüllen. Ich habe es jedenfalls als meine Pflicht empfunden, den Soldaten an der Front wenigstens Briefe zu schreiben, da das ja die einzig mögliche Form der Unterstützung und des Beistands war. Und seine Pflicht hatte jeder auf seinem Posten zu erfüllen.

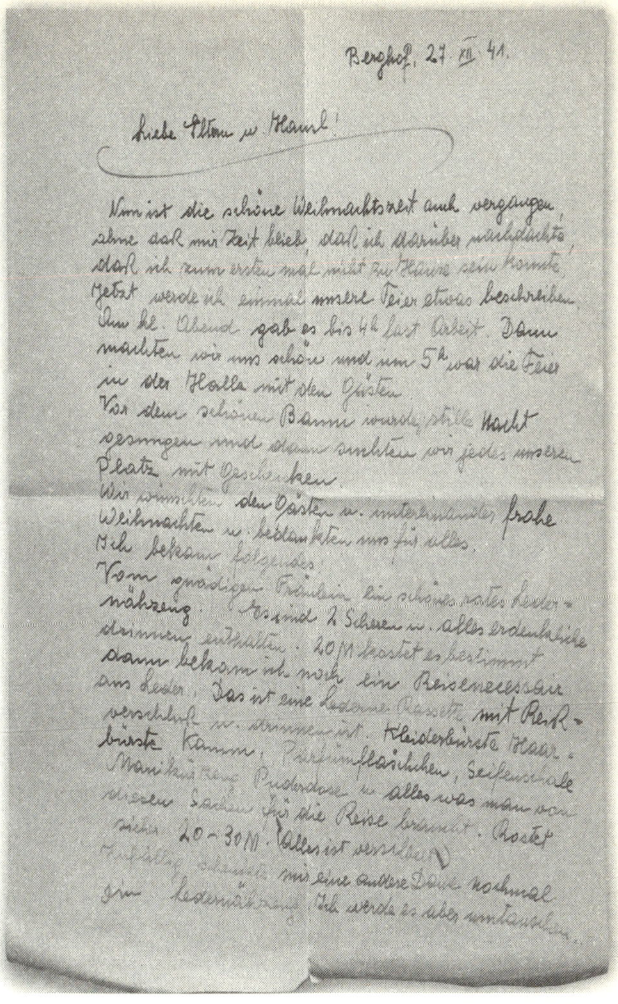

Berghof, 27. XII. 41.

Liebe Eltern u. Hansl!

Nun ist die schöne Weihnachtszeit auch vergangen,
ohne daß mir Zeit blieb, daß ich darüber nachdachte,
daß ich zum ersten mal nicht zu Hause sein konnte.
Jetzt werde ich einmal unsere Feier etwas beschreiben.
Am hl. Abend gab es bis 4h fast Arbeit. Dann
machten wir uns schön und um 5h war die Feier
in der Halle mit den Gästen.
Vor dem schönen Baum wurde Stille Nacht
gesungen und dann suchten wir jedes unseren
Platz mit Geschenken.
Wir wünschten den Gästen u. untereinander frohe
Weihnachten u. bedankten uns für alles.
Ich bekam folgendes:
Vom gnädigen Fräulein ein schönes rotes Leder-
nähzeug. Es sind 2 Scheren u. alles erdenkliche
drinnen enthalten. 20 M kostet es bestimmt
Dann bekam ich noch ein Reisenecessaire
aus Leder. Das ist eine lederne Kassette mit Reiß-
verschluß u. drinnen ist: Kleiderbürste, Haar-
bürste, Kamm, Parfümfläschchen, Seifenschale,
Maniküre-Zeug, Puderdose u. alles was man von
diesen Sachen für die Reise braucht. Kostet
sicher 20–30 M. (Alles ist versilbert)
Zufällig schenkte mir eine andere Dame nochmal
ein Ledernähzeug. Ich werde es aber umtauschen.

Weihnachten 1941. Anna ist begeistert, wird von Geschenken überhäuft. Die Lederhandtasche aus Paris, die sie von Eva Braun geschenkt bekommt, hat sie noch heute. Die Weihnachtsfeier dauerte bis fünf Uhr morgens.

Ich persönlich habe es dabei sehr viel besser erwischt als die meisten anderen. Mein Schicksal war es, im Hause Hitler zu sein. Und ich hatte, offen gesagt, auch kein schlechtes Gewissen, weil mein Los so viel besser war. Jeden Vormittag haben wir gespannt auf den Postboten gewartet, der uns die Briefe gebracht hat. Wir haben ihn immer »Zechi« genannt, weil er Zechmeister hieß. »Mein Gott. Ihr wisst's ja gar nicht, wie schön ihr es hier habt«, hat er immer zu uns gesagt.

An welches Ereignis mit Eva Braun am Berghof erinnern Sie sich eigentlich mit Freude?

An Weihnachten 1941. Schon zwei Tage vor Weihnachten habe ich voller Vorfreude meinen Eltern geschrieben. Wenn ich den Brief heute lese, glaube ich, dass das schöne Leben am Berghof schon damals stark auf mich abgefärbt hat.

Man muss sich das einmal vorstellen: Ich schreibe meiner Mutter mitten im Krieg, dass ich mir am liebsten Vasen aus Bleikristall und von Hand bemaltes Kaffeegeschirr wünsche. Das waren Dinge, die ich täglich in der Hand hatte und die mir offensichtlich schon als Selbstverständlichkeit vorkamen. Irgendwie dürfte ich dort oben den Bezug zur harten Alltagsrealität außerhalb des Obersalzberges verloren haben.

Jedenfalls war die Weihnachtsfeier ein unvergessliches Ereignis. Ich war so beeindruckt, dass ich keinen einzigen Gedanken daran verschwendete, dass dies meine ersten Weihnachten ohne meine Familie waren. Am besten ist es wohl, wenn ich aus meinem Brief vom 27. Dezember

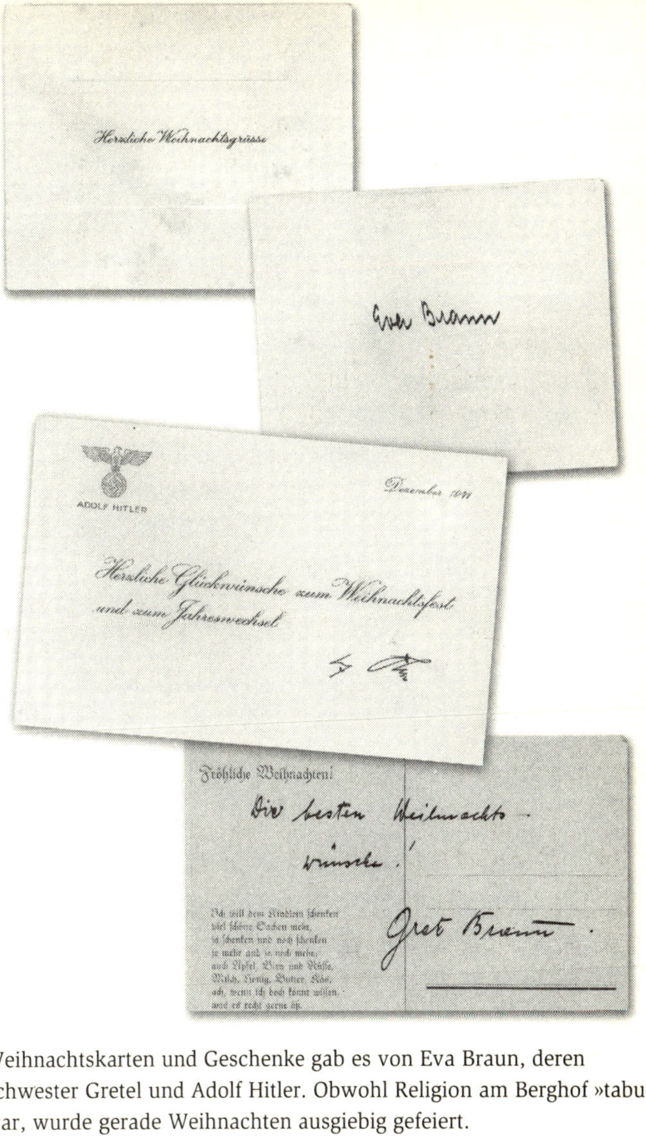

Weihnachtskarten und Geschenke gab es von Eva Braun, deren Schwester Gretel und Adolf Hitler. Obwohl Religion am Berghof »tabu« war, wurde gerade Weihnachten ausgiebig gefeiert.

vorlese, denn er gibt meine Eindrücke wahrscheinlich am genauesten wieder:

»Liebe Eltern! Nun ist die schöne Weihnachtszeit auch vergangen, ohne dass mir Zeit blieb, dass ich darüber nachdachte, dass ich zum ersten Mal nicht zu Hause sein konnte. Jetzt werde ich einmal unsere Feier etwas beschreiben: Zum heiligen Abend gab es bis vier Uhr Arbeit. Dann machten wir uns schön, und um fünf Uhr war die Feier in der Halle mit den Gästen.

Vor dem schönen Baum wurde Stille Nacht gesungen, und dann suchten wir jeder unseren Platz mit den Geschenken. Wir wünschten den Gästen und untereinander frohe Weihnachten und bedankten uns für alles.

Ich bekam folgendes: Vom gnädigen Fräulein ein schönes rotes Ledernähzeug. Es sind zwei Scheren und alles Erdenkliche drinnen enthalten. 20 Mark kostet es bestimmt. Dann bekam ich noch ein Reise-Necessaire aus Leder. Das ist eine lederne Kassette mit Reißverschluss und drinnen ist: Kleiderbürste, Haarbürste, Kamm, Parfumfläschchen, Seifenschale, Maniküzeug, Puderdose und alles, was man von diesen Sachen für die Reise braucht. Kostet sicher zwanzig bis dreißig Mark. Alles ist versilbert.

Zufällig schenkte mir eine andere Dame noch einmal ein Ledernähzeug. Ich werde es aber umtauschen. Dann bekomme ich ein wunderbares Seidentuch und ein Paar Reinseidenstrümpfe.

Dann eine große herrliche Schreibmappe aus Leder zum Versperren vom Führer. Von Gretel eine Kassette mit wunderschönem Briefpapier. Vom Führer: Eine blaue Lederhandtasche, eine Glückwunschkarte für Weihnachten und

Neujahr mit eigenhändiger Unterschrift vom Führer. Die freut mich ja am meisten.

Dann noch fünfzig Mark. Ein Körbchen voll Keks und Äpfel. So, das war jetzt alles. Ist es nicht schön? Nach

Nach der »offiziellen« Weihnachtsfeier mit den Damen des Hauses folgte die »private« Weihnachtsfeier des Personals. Das Bild zeigt Elfriede König und Anna im Personalzimmer.

der Feier gab es Gänsebraten und Nachspeisen. Später feierten wir mit einem eigenen Baum noch einmal. Ich kann euch gar nicht schildern, wie schön alles geschmückt war. Es gab dann noch Punsch, Sekt, Mehlspeisen, Naschereien, und nebenbei wurde getanzt. Um 12 Uhr gab es noch belegte Brötchen, und um fünf Uhr früh eine Hühnersuppe. Ja, so lange hat bei uns der heilige Abend gedauert.

Der Christtag war noch ebenso schön und dauerte bis ein Uhr nachts. Wirklich, ich habe nicht ein bisschen Heimweh gehabt, obwohl ich es vorher befürchtet habe.«

Unvergessen bleibt für mich das Kleid, das Eva Braun an diesem Abend getragen hat. Es bestand aus winzigen, schwarzen Glasperlen und war sehr schwer. Da war überhaupt kein Stoff zu sehen. Das weiß ich deshalb noch so genau, weil ich die Aufgabe hatte, dieses Kleid für diesen Abend herzurichten und bereitzulegen. An diesem Weihnachtsabend habe ich zudem auch noch eine schöne braune Lederhandtasche aus Paris von Eva Braun geschenkt bekommen. Ich weiß gar nicht, warum ich diese im Brief an meine Eltern nicht erwähnt habe. Diese Lederhandtasche habe ich noch heute, ebenso wie jenes Seidentuch, das ich von Frau Schneider geschenkt bekommen habe.

Hört sich für Weihnachten 1941 ja sehr üppig an. Vielen anderen ist es bei weitem nicht so gut gegangen.

Und nach Weihnachten wurde es noch besser. Denn die Herrschaften sind nach München gefahren, so dass wir alleine am Berghof waren, was in diesem Fall hieß: Döring, seine Frau, Willi, Gretel und wir Zimmermädchen. Für uns war das die angenehmste Zeit. Wir ließen uns Filme vorführen, zum Beispiel »Petersburger Nächte« und »Wunschkonzert«. Außerdem gab es nichts zu arbeiten. In der Früh mussten lediglich die Fenster kurz geöffnet und nachts das ganze Haus wieder verdunkelt werden. Das war alles. Genau genommen haben wir in dieser Zeit überhaupt nichts getan.

Aber schon im Frühjahr 1942 war das schöne Leben praktisch vorbei.

Ja. Hitler hat nämlich die Anweisung erteilt, dass das Personal ab sofort – so wie jeder Bürger im Deutschen Reich – auch mit Lebensmittelmarken versorgt werden musste. Denn bis zu diesem Zeitpunkt ging es uns ja ausgezeichnet. Wir bekamen dasselbe zu essen wie die Gäste. Südfrüchte und solche Dinge, und auch sonst gab es alles im Überfluss. Aber im Frühjahr 1942 war Schluss damit. Selbst die Gäste mussten ab sofort über Lebensmittelmarken versorgt werden. Das hat mir natürlich gar nicht gefallen. Denn bis dahin hatte es zum Frühstück noch Wurst und Käse gegeben, und plötzlich mussten wir auf das zurückgreifen, was noch da war. Zum Beispiel gab es dauernd Orangen-Marmelade, die ich wirklich gehasst habe. In dieser Zeit habe ich mit Sehnsucht an das gute Selchfleisch gedacht, das es bei meinen Eltern immer gegeben hat. Deshalb habe ich angefangen, meine freien Tage aufzusparen, um zu Ostern 1942 ein paar Tage bei meinen Eltern in Loosdorf verbringen zu können. Und auch mit dem Telefonieren war es nicht mehr so einfach. Ende 1941 gab es kurzzeitig sogar ein Telefonverbot. Auch das habe ich in einem Brief festgehalten:

»Liebe Eltern! In Zukunft muss auch bei mir wieder die Feder mehr in Aktion treten. Wir haben jetzt nämlich nicht mehr die Erlaubnis, privat zu telefonieren. Es wurden die Leitungen zu viel in Anspruch genommen. Mir macht es ja nicht zu viel aus, weil uns sowieso meistens nichts eingefallen ist. Gell, Mutter? Freue ich mich wieder auf Briefe mit Neuigkeiten. Es waren bei uns Mädchen, die haben telefoniert nach allen Himmelsrichtungen! Eine hat tagtäglich ihren Freund in Prag angerufen. Dieses Verbot wird aber nicht zu lange dauern. Es lässt sich bei uns nicht durchführen. Wenn ich also wieder mal anrufe, braucht ihr euch nichts dabei denken, es gibt leicht einmal Gelegenheit dazu.«

Und auch sonst gab es Einschränkungen, die selbst die Damen des Hauses betroffen haben. So galt es als unpassend, Pelzmäntel zu tragen, während unsere Soldaten im russischen Winter erfroren. Deshalb hieß es, man sollte Pelzmäntel abgeben, damit sie an die Front geschickt werden konnten: für die Damen ein heikles Thema, das ihnen schweres Kopfzerbrechen bereitete. Natürlich war das »normale« Volk aufgefordert worden, Pelzmäntel für die Front abzugeben, aber am Berghof war das natürlich etwas ganz anderes. Die Mäntel wären viel zu wertvoll für die Front, hieß es unter den Damen. Deshalb wurden sie im Keller des Hauses deponiert.

Trotzdem ist es uns in den immer schlechter werdenden Zeiten gelungen, uns mit den Umständen zu arrangieren. So schrieb ich Februar 1942 voller Stolz an meine Eltern, wie gut wir es am vorangegangenen Sonntag gehabt hatten:

»Morgens gab es schon ganz guten Kaffee mit Gugelhupf. Mittags zur Begeisterung von uns allen Gänsebraten mit Kartoffel-Klößen. Die Köchin hat 120 Stück von den Klößen gekocht, und alles war weg. Einige wetten immer, wer die meisten essen kann. Sie verzichten immer auf das Fleisch und essen nur Soße mit Klößen und bringen es daher auf die Rekordhöhe von elf Stück. Ich schaffe nur zweieinhalb.«

Zu Ostern 1942 haben Sie dann Ihre Eltern in Loosdorf besucht. Wie haben sie denn reagiert?
Dazu gibt es noch eine Geschichte, die ich vorher erzählen muss. Gretel und Willi haben natürlich gewusst, dass wir keine Nazis waren. Und sie haben auch gewusst, dass der Neid unter einigen Loosdorfer Nazis recht groß war: dass ausgerechnet die Tochter vom »schwarzen« Mittlstrasser am Berghof arbeitete!

In einem Brief an meine Eltern wird das auch sehr deutlich: »Gretel hat gestern gesagt, dass ich mir ja das Gesicht schminken soll und in Loosdorf recht groß tun soll, wenn ich heimkomm. Zum Trotz der Illegalen.« Gretel, Willi und sogar Herr Döring haben über die Umstände in Loosdorf ja nur gelacht.

Meine Eltern hatten in Loosdorf neben der Wagnerei auch noch eine kleine Landwirtschaft. Deshalb herrschte bei ihnen auch kein Mangel an Lebensmitteln. Allerdings herrschte auch kein Mangel an eklatanten Fehleinschätzungen im Hinblick auf meine Rolle »bei Hitler«. Konkret ging es um den Sohn der Dienstfrau meiner Eltern, der an der Ostfront gefallen war. Die Dienstfrau war natürlich der Ansicht, dass wir, also die Mittlstrassers, es uns hätten »richten« können. Denn meine beiden Brüder lebten ja noch, und ich war ja sogar »beim Hitler«.

Ich hatte den Eindruck, dass sie uns für den Tod ihres Sohnes persönlich verantwortlich machen wollte. Dass wir den Tod ihres Sohnes hätten verhindern können, es aber unterlassen hätten. Aber auch sonst sorgte der Berghof für zahlreiche Diskussionen, denn ich war inzwischen an einiges gewöhnt, und außerdem hatte ich am Berghof

Heimaturlaub in Loosdorf. Anna bei einem ihrer Urlaube bei ihren Eltern im niederösterreichischen (damals als »Niederdonau« bezeichnet) Loosdorf. Zufällig sind auch beide Brüder Annas anwesend. Hier wird Bruder Franz verabschiedet, der als Angehöriger der Luftwaffe in Sizilien stationiert war. Für derartige Familientreffen wurde Anna von ihrer Cousine Gretel Mittlstrasser immer ein Sonderurlaub vom Berghof gewährt.

ja bereits genug Zeit gehabt, um darüber nachzudenken, was man im Haushalt meiner Eltern anders oder eben besser machen könnte: eben so wie am Berghof. Schließlich wollte ich es auch in meinem Elternhaus so schön wie möglich haben. Bei den Mittlstrassers schaut's bald aus wie am Berghof, haben die Leute natürlich gesagt. Und das hatte gute Gründe, da nämlich auf mein Drängen hin ein eigenes Badezimmer gebaut wurde. Und auch eine Bauernstube, die der des Berghofs nachempfunden war.

Zurück zu Eva Braun. In einem Ihrer Briefe berichten Sie von einem gemeinsamen Ausflug mit Eva Braun zum Königssee.

Der Königssee ist nicht weit von Berchtesgaden entfernt und war für uns alle ein beliebtes Ausflugsziel, wenn wir dienstfrei hatten. Einmal war ich aber auch mit Eva Braun und den Hunden dort. Eva war ja eine begeisterte Turnerin und Sportlerin. Ihr Hobby war aber auch die Fotografie. Jedenfalls gibt es einige Aufnahmen von diesem Ausflug, die Eva Braun bei Gymnastikübungen zeigen. Diese Bilder dürften ihr aber nicht gefallen haben, da sie sie am Berghof zerschnitten und in den Papierkorb geworfen hat. Aber ich habe sie wieder herausgeholt und bis heute aufbewahrt. Auch andere Fotos von ihr lagen im Papierkorb, die ich auch aufgehoben habe. Allerdings waren das noch ältere Bilder, die offenbar aus ihrer Zeit im Büro von Hitlers Leibfotograf Hoffmann stammten, wo Eva Braun früher gearbeitet hatte. Auf einem Bild sieht man sie auf einem Schreibtisch sitzen, und im Hintergrund erkennt man noch die Aufschrift »Photo Hoffmann«.

Wie verlief denn Ihre erste persönliche Begegnung mit Adolf Hitler? Wann sind Sie ihm zum ersten Mal persönlich gegenübergestanden?
Das war eigentlich völlig unerwartet und schon kurz nach meiner Ankunft. Ich war gerade am Gang. Na ja, Gang ist vielleicht nicht die passende Bezeichnung, denn in Wahrheit war dieser Gang eigentlich wie eine Halle. Über eine breite Treppe kam man in den ersten Stock, und dann stand man auf ebendiesem Gang, der zu Hitlers Arbeitszimmer, seinem Schlafzimmer, den Räumlichkeiten von Eva Braun und unserem Dienstzimmer führte.

Ich erinnere mich noch an jede Sekunde, an jedes Detail: Auf der Treppe liegt ein dicker, schwerer Wollteppich in Rot, Braun und Beige. Der Teppich ist so dicht gewoben, dass man seine Schritte nicht hören kann. Nur den eigenen Atem. Und den eigenen Herzschlag. Ich gehe die Treppe hinauf, vor mir der lange und breite Gang. Am Ende der Treppe sind massive Fenster, die den Raum in einem fast unwirklichen Licht erscheinen lassen. Links sind die Zimmer der Diener des Führers. Die Türen sind geschlossen. Niemand ist zu sehen. Ich gehe an den massiven Holztüren vorbei. Rustikale Türen. Mit Schnitzereien. Am Ende des Ganges liegt der Eingang zum Arbeitszimmer des Führers. Ich weiß eigentlich gar nicht, was ich hier verloren habe, da ich meine Arbeit schon lange erledigt habe. Plötzlich geht seine Tür auf. Hitler kommt. Alleine. Mir bleibt fast das Herz stehen. Er kommt direkt auf mich zu. Was hat Gretel uns eingebläut? Was muss ich sagen? Was tue ich überhaupt hier? Mir bleibt der Atem weg.

Er ist jetzt ungefähr zehn Meter vor mir, kommt immer näher. Der Teppich ist so schwer. Meine Schritte sind

Hitler am Berghof. Der Diktator liebte den großen Auftritt. Staatsgäste wollte er am Berghof vor allem beeindrucken und einschüchtern. Was ihm auch gelang. Doch insbesondere bei Staatsempfängen hatte Eva Braun absolut in den Hintergrund zu treten. Die Gäste bekamen sie nicht einmal zu Gesicht.

kaum zu hören. Die Gemälde an der Wand, die ich so oft bewundert habe, ziehen an mir vorbei. Rubens. Alle echt. Fette, nackte Frauen. Dicke Goldrahmen. Prunk pur. Hitler kommt näher. Er trägt eine schwarze Uniformhose und eine beige-braune Uniformjacke. Kein Orden. Kein Firlefanz. Hemd. Krawatte. Er wirkt streng, überkorrekt gekleidet. Ich gehe wortlos weiter. Was sage ich, wenn er mich anspricht? Verlegen weiche ich zur Seite aus. Dann sehe ich ihn an. Mitten ins Gesicht. Im selben Moment sieht er zu mir. Ganz freundlich. Was hat Gretel gesagt? »Heil, mein Führer«. »Heil, Anni«, sagt er. Ganz ruhig. So freundlich. Alles geht so schnell. Ich habe den Eindruck, dass er mich mustert. Ich hatte damals blondes Haar, leicht gewellt. Irgendwie ein germanischer Typ. Erst Minuten später wird mir bewusst, dass er mich beim Namen genannt hat. Bei meinem ersten Heimaturlaub ist das meine wichtigste Geschichte: das Zusammentreffen mit Hitler. Ich erzähle die Geschichte mit Begeisterung meinen Eltern.

Woher kannte Hitler Ihren Namen?

Ich nehme an, dass er von Gretel oder meinem Cousin Willi über meine Anwesenheit informiert worden war. Sofort nach Hitlers Abreise habe ich meinen Eltern geschrieben: »Gestern in der Wochenschau sah man wieder den Führer. Das macht mir immer Spaß, weil ich doch alle, die so um ihn sind, gut kenne. Wir reden jetzt schon alle davon, wenn nur der Chef schon wiederkäme, und freuen uns sehr darauf.«

Hitlers Teehaus am Kehlstein auf 1.834 Meter Höhe. Mit Millionenaufwand wurde das Teehaus errichtet – Hitler besuchte den repräsentativen Protzbau weniger als ein Dutzend Mal.

Wie sah denn Hitlers Zimmer aus?

Vom Gang aus kam man in das Arbeitszimmer Hitlers. Neben seinem Schreibtisch hingen Gemälde mit seinen Eltern. Rechts der Vater und links die Mutter. Man erkennt das auch sehr gut auf den colorierten Bildern. In der Mitte des Raumes befand sich ein Besprechungstisch, und an der Rückwand gab es eine kleine Bibliothek. Bei der Reinigung von Hitlers Räumlichkeiten war man natürlich besonders sorgfältig. Nachdem der Führer immer erst sehr spät aufgestanden ist, war man immer zuerst in seinem Arbeitszimmer.

War er ein ordentlicher Mensch? Ein Pedant?
Ordentlich in jedem Fall, vielleicht sogar ein Pedant. Ich kann mich noch erinnern, wie man uns erzählt hat, er habe einmal einen General namens Dietl – ich glaube, der war Gebirgsjäger – schon in der Halle gemaßregelt, weil er sich die Schuhe nicht ordentlich abgeputzt hatte, als er den Berghof betreten hat.

Aber was kann man in so einem Zimmer wie Hitlers Arbeitszimmer schon zusammenräumen? Nichts. Man konnte kaum Staubsaugen, weil er ja immer so lange geschlafen hat. Also mussten wir uns eben damit begnügen, die Tische und das Telefon staubfrei zu halten.

War der Schreibtisch eigentlich unaufgeräumt?
Nein. Alles war sehr aufgeräumt. Hitler hatte ja drei Führerdiener, deshalb gab es kaum mehr etwas zu tun. In seinem Schlafzimmer war das natürlich ein bisschen anders. Da musste man das Bad putzen und das Bett machen. Doch, warten Sie einen Moment. (Anm. des Autors: Frau Plaim verlässt den Raum, geht auf die Veranda und holt eine Mappe, aus der sie Unterlagen entnimmt. Stolz hält sie ein Löschblatt hoch.)

Es gab da schon noch etwas in seinem Arbeitszimmer. Sehen Sie her: Hier habe ich ein Löschblatt von Hitler. Er hat es benutzt, wenn er Dokumente unterschrieben hat. Seine Unterschrift ist noch sehr gut zu erkennen. Als ich seinen Schreibtisch zusammengeräumt habe, ist es da gelegen. Ich habe mir gedacht, dass das irgendwie ja eigentlich auch ein Dokument ist. Also habe ich es aufgehoben. Mein Auftrag war ja, seinen Schreibtisch sauber zu halten. Und ein gebrauchtes Löschblatt wegzuräumen gehört dazu.

Wahrscheinlich habe ich es später mit einem Brief meinen Eltern geschickt, sonst hätte ich es heute, mehr als sechzig Jahre später, wohl nicht mehr.

Hitlers Löschblatt, das Anna von seinem Schreibtisch genommen hatte. »Irgendwie ist es ja auch ein Dokument. Und ein gebrauchtes Löschblatt wegzuräumen gehörte ja auch zu meinen Aufgaben.«

Und wie sah es in Hitlers Schlafzimmer aus?

Ich habe ein sehr einfaches Bett in Erinnerung. Schon damals habe ich mich darüber gewundert, dass der Führer nicht einmal eine Daunendecke hatte, sondern mit einer gewöhnlichen Steppdecke schlief. Eva Braun zum Beispiel hatte eine dicke Daunendecke. Auf dem Nachttisch lag ein Buch von Wilhelm Busch. Vor dem Bett standen seine Hausschuhe, in die ich übrigens gerne hineingeschlüpft bin. Ich kann nicht einmal sagen, warum, es war mir halt einfach ein Bedürfnis, einmal in den Schlapfen des Führers zu stehen. Ich habe ja auch seine Kappen ausprobiert, die mir natürlich zu groß waren – so wie seine Schlapfen. Und dann war da noch das Badezimmer mit einer Badewanne, einem Waschbecken und einer Waage, die ich auch fast täglich benutzt habe. Trotz Zensur habe ich meinen Eltern geschrieben, dass ich ein Kilo zugenommen hätte. Ich wisse das, weil ich mich täglich im Badezimmer des Führers auf dessen Waage wiegen würde, habe ich geschrieben. Daneben gab es dann den so genannten Kofferraum, durch den man in das Zimmer von Eva Braun kam.

Hatte Hitler eigentlich ein Einzel- oder ein Doppelbett?
Er hatte ein einfaches Einzelbett. Ein ausgesprochen schlichtes Einzelbett.

Und Eva Braun?
Deren Bett war größer. Außerdem konnte man ihr Bett zu einer Sitzcouch umfunktionieren, die dann wie eine richtige Wohnzimmer-Couch aussah.

Hat Hitler denn bei Eva Braun genächtigt oder in seinem eigenen Bett geschlafen?
Das lässt sich nur sehr schwer nachvollziehen. Eigentlich hat nie jemand genau gewusst, wo er geschlafen hat. In einer Dokumentation des ZDF wurde dieser Punkt auch einmal angesprochen. Gretel hat dort gesagt, Hitler habe selbstverständlich bei oder mit Eva Braun geschlafen, da

sie selbst aus der Apotheke Medikamente besorgt habe, so dass Eva Braun ihren Zyklus habe verschieben können. Döring wiederum hat das ganz anders dargestellt. Aber wie ich schon sagte, hat er sich ohnehin nicht besonders positiv über Eva Braun geäußert. Was ich eigentlich nicht verstehen kann. Und für Willi war es ganz klar, dass die beiden »etwas miteinander hatten«.

Wurden Sie kontrolliert oder beobachtet, während Sie Hitlers Räumlichkeiten geputzt haben?
Wenn Hitler am Berghof war, mussten wir warten, bis er mit seinem Gefolge zum Teehaus am Gelände des Berghofs gegangen war. Während er also aus dem Haus war, mussten wir seine Räumlichkeiten in Ordnung bringen. Dabei waren wir im Regelfall zu zweit, manchmal war ich aber auch allein. Auf seinem Schreibtisch stand eine sehr hübsche Schachtel mit verlockenden Pralinen, die ich mir fast täglich angeschaut habe. Eines Tages habe ich tatsächlich angefangen, mir eine Praline zu vergönnen. Das ging jeden Tag so, bis mir auffiel, dass ich die Schachtel schon fast leer genascht hatte. Plötzlich kam mir der Gedanke, dass das eine Falle für mich sein könnte – ein Test für das Personal, ob es auch ehrlich war. Das Haus der Kriminalpolizei war ja gleich nebenan, und außerdem hatten die dort ja nicht besonders viel zu tun. Also hab ich mir das Naschen verkniffen und die Schachtel einfach stehen lassen. Eines Tages platzte Döring ins Zimmer, als ich gerade den Schreibtisch abgestaubt habe. Er nahm die fast leere Schachtel, schaute prüfend hinein und sah mir in die Augen. Ich bekam Angst, weil ich dachte, dass er mich jetzt ertappt

hätte. Plötzlich sagte er: »Anni, entfernen Sie endlich dieses olle Ding. Das steht ja schon ewig hier.« Mir fiel ein Stein vom Herzen. Döring war völlig ahnungslos. Ruhigen Gewissens habe ich an diesem Tag Hitlers Konfekt vollends gegessen. Und die Schachtel habe ich heute noch. Heute schaut die Schachtel natürlich sehr abgenutzt aus, weil ich sie über zwanzig Jahre lang zur Aufbewahrung meines Nähzeuges verwendet habe. Sie ist aus Bastgeflecht. Irgendwann in den Sechzigerjahren ist mir dann bewusst geworden, woher ich diese Schachtel eigentlich habe. Seither bewahre ich mein Nähzeug woanders auf. Am erbärmlichen Zustand der Schachtel änderte das freilich nichts mehr.

Erzählen Sie uns mehr über Ihren Cousin Willi. Können Sie sich an besondere Vorfälle am Berghof erinnern, in die Willi involviert war?

Er hat mir einmal eine Episode erzählt, die ich für überaus glaubwürdig halte: Es gab eine Weisung von Hitler an Willi, dass er bei einer Feierlichkeit am Berghof keine einzige Flasche Sekt mehr ausgeben dürfe. Ganz gleich, wer auch immer nach Sekt verlangen würde. Dann kam ein General zu Willi, der eine Flasche Sekt haben wollte. Aber Willi hat sie ihm nicht gegeben – freilich ohne ihm zu sagen, warum der General keinen Sekt mehr bekam. Daraufhin wurde der General ziemlich rabiat und aggressiv.

Also hat Willi ihm dann erklärt, der Führer habe angeordnet, dass kein Sekt mehr ausgeschenkt werden dürfe. Kurz darauf wurde Willi zum Führer gerufen. Er war natürlich etwas nervös und fühlte sich ziemlich unbehaglich, da er glaubte, dieser General habe sich über ihn beschwert, so dass er jetzt einen entsprechenden Verweis bekommen würde. Doch es passierte etwas ganz anderes. »Mittlstrasser, Sie werden einmal eine Position haben, wo Ihnen kein General mehr Anordnungen erteilen kann«, sagte der Führer zu ihm.

Gretel Mittlstrasser bei Hitler. Zu Hitlers Geburtstag gab es Blumen von Beschließerin Gretel. Im Hintergrund ist ihr Ehemann Willi Mittlstrasser, Annas Cousin, zu erkennen.

Wie war das zu verstehen?

Es hieß immer, Hitler habe geplant, den Berghof nach dem erwarteten Sieg enorm auszubauen. Willi wäre dann sicher einer jener Kandidaten gewesen, die dort eine entsprechend wichtige Position eingenommen hätten.

Begeistert war Ihr Cousin vom Ausbruch des Krieges allerdings nicht. Speziell mit dem Russland-Feldzug hatte er seine Probleme.

Alle am Berghof sind sehr erschrocken, als die Meldung kam, dass es jetzt in Russland losging. »Aber wenn's ums Geld geht, dann können's mich gernhaben«, hat Willi gesagt. Ich schätze, er hatte Angst, er könnte alles, was er sich geschaffen hatte, durch eine Inflation verlieren, die der Russland-Krieg hätte auslösen können. Als der Russland-Feldzug begonnen hat, waren am Berghof alle deprimiert. Auch Eva Braun.

Auch in Ihrem Heimatort hatte sich zwischenzeitlich einiges getan. Ihre Beschäftigung am Berghof war vielen Hitler-Getreuen in Loosdorf ein Dorn im Auge.

Seit dem Beginn meiner Tätigkeit am Berghof sind laufend Anzeigen gegen mich bei der Kripo Obersalzberg eingelangt. Die Kriminalpolizei war ja gleich im Nachbarhaus untergebracht. Deren Haus hieß »Haus Türken«. Die Kripo hat diese Anzeigen Willi gezeigt, der nachträglich zu mir gesagt hat, ich sei wieder einmal von der Loosdorfer Partei angezeigt worden. Der Grund war immer derselbe: Meine Herkunft aus einer nicht-nationalsozialistischen Familie. Oder konkret: aus einer »schwarzen« Familie. Aber der Willi hat das dann geregelt. Offenbar hat er der Kripo erklärt, diese Anzeigen hätten keine Bedeutung, worauf sie sie in den Papierkorb geworfen haben.

Aber eines Tages dürfte eine derartige Anzeige an Reichsleiter Bormann weitergeleitet worden sein. Ihr Cousin Willi wusste offenbar nichts davon.

Diesen Tag werde ich nie vergessen. Völlig unerwartet hat man mich plötzlich zu Reichsleiter Bormann gerufen. Ich hatte gerade im Trakt der Gästezimmer gearbeitet und Betten gemacht. Ich hatte weder ein schlechtes Gewissen noch ein ungutes Gefühl, als es hieß, ich solle zu Bormann kommen. Unbefangen trat ich ihm gegenüber, aber mir ist sofort klar geworden, dass es jetzt ernst wird. Er war alleine, trug Uniform und empfing mich mit steinernem Blick. Das sollte mein letztes Gespräch mit Bormann sein. Wie üblich, habe ich zuerst mit »Heil Hitler« gegrüßt, aber er hat nur mit einem trockenen »Heil« geantwortet. Dann entstand eine gespannte Stille. Nach einer Weile hat er langsam den Kopf gehoben und gesagt: »Ich habe erfahren, dass Sie aus einer religiösen Familie stammen. Aus einer katholischen Familie. Ihr Vater ist Kirchengänger.« Das Wort »Kirchengänger« habe ich noch heute in den Ohren, weil er es auf so abfällige Art und Weise betont hat. »Für uns ist das nicht tragbar. Sie müssen den Berghof sofort verlassen.«

Ich war entsetzt. Ich hatte mich in meiner Position so sicher gefühlt. Kurz nachdem ich Bormanns Büro verlassen hatte, hat Eva Braun mich rufen lassen. »Anni, was hat Reichsleiter Bormann von Ihnen gewollt?« »Er hat gesagt, dass ich den Berghof sofort verlassen muss, weil mein Vater kein Nazi und ein überzeugter Katholik ist.«

Eva Brauns Reaktion war unmissverständlich. »Ich rufe sofort im Führerhauptquartier an. Sie sind meine Angestellte, und das lasse ich mir von Bormann nicht gefallen. Sie sind meine Angestellte. Meine.« Kurz darauf hat mich Eva Braun wieder zu sich rufen lassen. »Der Führer hat gesagt, dass ich mich Bormann fügen muss. Es tut mir Leid.«

Familie Döring. Herbert Döring, der Verwalter des Berghofs, machte seinem Ärger über die Entlassung Annas durch Martin Bormann noch Jahrzehnte später in einem ZDF-Interview Luft.

Mein Aufenthalt am Berghof war somit beendet. Schon am nächsten Morgen habe ich meine Koffer gepackt und bin mit dem Zug nach Wien gefahren, wo ich einige Zeit be meinem Onkel Josef Gruber gewohnt habe. Es war mir sehr peinlich, wieder nach Loosdorf zurück zu müssen. Ständig musste ich an meine Anreise zum Berghof denken – mit einem hübschen Lederkoffer und sehr schicker Kleidung war ich damals in Loosdorf aufgebrochen. Den Koffer hatte ich schon Tage vorher gepackt gehabt. Ich war zwar ängstlich gewesen, gleichzeitig aber noch viel neugieriger auf das, was da wohl auf mich zukam. Zu Fuß war ich damals zum Bahnhof gegangen, nachdem ich mich schon zu Hause von Vater, Mutter und meinem Bruder Hans verabschiedet hatte. Meine Mutter hatte damals am meisten geweint. Sehr schwer war mir auch der Abschied von unserem Haushund, einem schottischen Schäfer namens »Rolfi«, gefallen, den ich so sehr geliebt hatte. Jetzt, beim Abschied vom Berghof, packte ich denselben schönen Lederkoffer und zog dasselbe schicke Kleid an, das ich bei meiner Ankunft getragen hatte. Zuerst verabschiedete ich mich von Eva Braun in deren Zimmer. »Es tut mir so Leid, Anni. Was werden Sie jetzt machen?«, hat sie noch gesagt. Sie gab mir die Hand, war traurig und hilflos. Danach ging ich in das Stübchen, in dem wir Zimmermädchen zusammen mit den Dörings immer gegessen hatten. Ich verabschiedete mich von Resi und Elfriede. Traudl Christek, meine Nachfolgerin, war schon da. Döring, seine Frau Anni und die kleinen Kinder der Dörings verabschiedeten sich herzlich und mit feuchten Augen. Schwer fiel mir der Abschied von Gretel. Dann sagte ich dem Küchenpersonal und zuletzt Eva Brauns Hunden auf Wiedersehen. Das erinnerte mich am meisten an meinen Abschied von Loosdorf. Der Hund. Das machte es wirklich schwierig. »Einsteigen«, rief Willi schließlich. Mit demselben Wagen, mit dem ich angekommen war und mit dem Döring den verhängnisvollen Unfall hatte, fuhr mich Willi nach Salzburg. Zum Bahnhof.

Haus Türken. Sitz der SS und der Kriminalpolizei. Im Haus Türken hatte Annas Cousin Willi seine Dienstwohnung. Hier langten auch die Anzeigen gegen Anna ein.

Wie haben die anderen Mitarbeiter am Berghof auf Ihre Entlassung reagiert?

Döring hat seinem Ärger Jahrzehnte später in einem ZDF-Interview Luft gemacht. Er war so wütend, dass sich seine Stimme dabei überschlagen hat. Ihn hat besonders geärgert, dass ich Bormann nicht gut genug gewesen war, obwohl meine Brüder bei der Wehrmacht und der Luftwaffe täglich ihren Kopf für Deutschland hingehalten haben. Döring kannte ja meinen Bruder Franz, der während des Krieges bei der Luftwaffe in Sizilien Feldwebel gewesen war. Franz war immer so stolz darauf gewesen, dass seine kleine Schwester in der unmittelbaren Nähe Hitlers arbeiten durfte. Er hat mich sogar einmal am Berghof besucht. Er war der Einzige, den Döring einfach so auf das Gelände des Berghofes gelassen hat. Mein Bruder durfte sogar mein Zimmer besichtigen.

War das Kapitel Berghof für Sie damit beendet?
Nein. Ich war danach noch in ständiger Verbindung mit meinen Verwandten, und auch mit einem Zimmermädchen habe ich weiterhin in brieflichem Kontakt gestanden. Von Eva Braun wurden mir sogar Grüße gesandt. Sie ließ mir ausrichten, dass sie mir von ihren zwei Hunden, die gerade Junge bekommen haben, einen Welpen schicken würde. Wenig später bekam ich Nachricht, ich solle mich am Bahnhof in Melk einfinden, wo eine Holzkiste mit einer kleinen Hündin für mich angekommen war. Die »Auslieferungsbescheinigung« habe ich noch heute. Die Bediensteten am Bahnhof in Melk waren mit dem jungen Hund schon recht vertraut und wollten ihn mir zuerst gar nicht aushändigen. Aber sie wussten natürlich, woher er kam. Als Absender war ja deutlich lesbar der Berghof Obersalzberg angegeben. Ich habe die Hündin nach ihrer Mutter »Stasi« genannt. Gleich im ersten Moment, als ich den Hund gesehen habe, war meine Freude fast grenzenlos. Er hat so was von entzückend dreingeschaut. Auch meine Eltern waren begeistert. Täglich hab ich die Kleine gebürstet und gepflegt. Genauso wie zuvor ihre Eltern am Berghof. Es hat ja zu meinen Aufgaben gehört, Eva Brauns Hunde

zu pflegen. Mit dem Hund ist auch ein Stück Berghof zurückgekehrt. Viele Erinnerungen. Meine Stasi hat später selbst Junge bekommen. Aber keine reinrassigen, denn eines Tages ist der Nachbarhund durchs Fenstergitter unseres Hauses durchgeschlüpft.

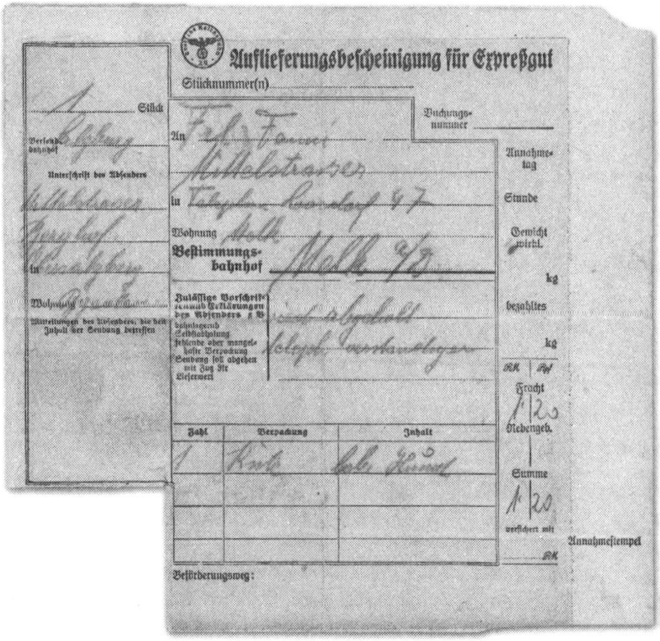
Auflieferungsbescheinigung für Expreßgut

Stücknummer(n)

Stück

Versandbahnhof

Unterschrift des Absenders

in

Wohnung

Mitteilungen des Absenders, die den Inhalt der Sendung betreffen

An

in

Wohnung

Bestimmungsbahnhof

Buchungsnummer

Annahmetag

Stunde

Gewicht wirkl. kg

bezahltes kg

RM | Rpf

Fracht 1 | 20

Nebengeb.

Summe 1 | 20

versichert mit RM

Annahmestempel

Zahl	Verpackung	Inhalt
1		

Beförderungsweg:

Eva Brauns »Hunde-Geschenk«. Nach ihrer Kündigung am Berghof erhielt Anna von Eva Braun einen Hund geschenkt, der per Bahn vom Berghof nach Loosdorf geschickt wurde. Es war ein Welpe von Brauns Hunden Stasi und Negus. Annas junger Hund bekam den Namen »Stasi«, nach seiner Mutter. Dies war der letzte Kontakt zwischen Anna und ihrer ehemaligen Chefin Eva Braun.

Heile Welt Berghof. Im Jahr 1943 erhielt Anna dieses Foto vom Berghof geschickt. Es zeigt Frau Döring mit den Zimmermädchen Resi Stangassinger und Elfriede König beim Kaffee auf der Terrasse des Berghofs.

Als ich dann 1948 geheiratet habe, bin ich mit meinem Mann in eine neue Wohnung gezogen. Stasi blieb im Haus meiner Eltern, da unsere Wohnung viel zu klein war, um einen Hund unterzubringen. Obwohl ich Stasi oft besucht habe, hat es mich traurig gemacht, sie nicht ständig bei mir zu haben. 1957, als sie langsam alt und räudig wurde, haben mein Mann und ich beschlossen, sie beim Tierarzt einschläfern zu lassen. Ich konnte nicht einmal den Gedanken daran ertragen und habe mich an diesem Tag in den Zug nach Wien gesetzt, um einfach nur weit weg zu sein. Der Loosdorfer Tierarzt Dr. Heindl hat Stasi eine Injektion gegeben und sie im Garten des Hauses begraben, in dem er seine Ordination hatte. Genau dieses Haus haben mein Mann und ich 1960 von einer Tante gekauft. Das heißt, ich lebe heute in dem Haus, in dem meine Stasi ruht.

Warum sind Sie nach Ihrer Entlassung am Berghof nicht in Wien geblieben und doch schon sehr bald wieder nach Loosdorf zurückgekehrt?

Ich hatte zwar zuerst vor, in Wien zu bleiben und mir eine Beschäftigung zu suchen. Aber meine Eltern haben gemeint, sie bräuchten mich zu Hause, wo es genug zu tun gäbe. Die Lage Deutschlands im Krieg wurde immer bedenklicher. Selbst überzeugte Nationalsozialisten haben zu dieser Zeit ihren früher unerschütterlichen Glauben an den Endsieg verloren. Eigentlich wurden die Nazis in Loosdorf immer freundlicher, je näher die Front an unseren Heimatort rückte. In der Not halten dann ja doch alle zusammen. Als das Kriegsende bevorstand, haben sich alle gegenseitig geholfen. Egal, ob sie früher Schwarze oder eben Braune waren. Da war zum Beispiel jener Mann, der meinen Vater bewacht hatte, als er von den Nazis gleich nach dem Anschluss im Wirtshaus eingesperrt worden war. Er war ein überzeugter Nazi gewesen. Schon Jahre vor dem Anschluss hatte ihn mein Vater gut gekannt, aber dann hat sich die Politik zwischen die Menschen geschoben. Auch in Loosdorf. Aber als gegen Kriegsende die Russen im Anmarsch waren, hat sich das Blatt gewendet: Der ehemalige Bewacher meines Vaters kam zu ihm, um bei ihm Schutz vor den Russen zu suchen. Da mein Vater selbst von den Nazis eingesperrt worden war, nahm man an, dass er von den Russen nichts zu befürchten hätte. Also hat mein Vater seinen ehemaligen Bewacher bei uns in der Wagnerei angestellt. In der Not rücken die Menschen eben wieder zusammen. Denn damals bestand die Befürchtung, dass sich furchtbare Sachen ereignen würden, wenn »die Russen« kämen.

Wochen vor Kriegsende zogen tausende Flüchtlinge tagelang mit Pferden und ihrem letzten Hab und Gut an unserem Haus vorbei, das direkt an der Bundesstraße lag. Die Flüchtlinge kamen aus dem Banat und waren so furchtbar arm. Sie hatten ihre letzten Habseligkeiten bei sich, und ganze Familien waren auf Planwagen zusammengepfercht. Ein wirklich beunruhigender Anblick. Als diese endlosen Flüchtlingskolonnen vorübergezogen waren, kam schon der nächste Schub – dieses Mal Soldaten auf dem Rückzug. Und auch schon Österreicher, die in Bezirken nahe Wien lebten und die alle schon vor den Russen flüchteten. Und am Ende kam die SS, die sich auch schon auf dem Rückzug befand. Die waren extrem gefürchtet, weil sie nach Deserteuren gesucht haben. Einige Menschen aus meinem Bekanntenkreis sind tatsächlich von der SS erschossen worden.

Übrigens habe ich 1944 das erste Mal mit eigenen Augen KZ-Häftlinge gesehen. Hinter unserem Garten wurde ein Kanal angelegt. Die eingesetzten Arbeiter, sechs oder sieben Männer in blau-weiß gestreifter Kluft, waren KZ-Häftlinge. Sie sahen sehr schlecht aus. Man musste wirklich Mitleid mit ihnen haben. Ich habe mir gekochte Erdäpfel geschnappt und sie den Häftlingen durch den Zaun gegeben. Zuerst dachte ich, es macht nichts aus, wenn ich ihnen etwas gebe, aber der Posten, der für die Bewachung zuständig war, hat mich entdeckt und ist ziemlich böse geworden.

Jedenfalls gab es in unserer nächsten Umgebung eine unterirdische Munitionsfabrik. Was dort genau produziert wurde, weiß ich eigentlich nicht. Aber wir wussten schon seit ungefähr 1940, dass dort KZ-Häftlinge eingesetzt wurden. In Melk gab es sogar ein eigenes Krematorium.

Wie denken Sie denn heute über die Massenmorde an Juden, Minderheiten und politischen Gegnern der Nazis?
Unmittelbar nachdem in Auschwitz Besichtigungen zugelassen wurden, bin ich mit meinem Mann Karl hingefahren. Ich sehe noch heute die riesigen Glasfenster vor mir, hinter denen Berge von Gebissen lagen, Unmengen von Haaren und Berge von Brillen. Man kann sich nicht vorstellen, was es für Menschen bedeutet, wenn ihnen alles – und zwar wirklich alles – genommen wird. An einem Koffer habe ich die Adresse eines Juden aus Sankt Pölten gesehen, also aus meiner unmittelbaren Umgebung. Nach diesem Besuch war ich am Boden zerstört. Ich habe die Baracken gesehen, die Verbrennungsstellen und die Gaskammern. Während meiner Zeit am Berghof war das Volk in Euphorie und im Siegestaumel. Keiner konnte sich vorstellen, dass dieser Krieg jemals verloren werden könnte. Von der Judenvernichtung, so wie sie in Auschwitz brutal praktiziert wurde, haben die meisten nichts gewusst. Dass eine extreme Hetze gegen Juden stattfand, die vor dem Krieg noch angesehene und geschätzte Menschen waren, ist natürlich niemandem entgangen. Keiner kann heute behaupten,

dass er das nicht mitbekommen hat. Viele Juden, auch aus der Umgebung von Loosdorf, haben ihre Heimat verlassen müssen. Viele wurden aus ihren Häusern vertrieben. Aber was diesen Menschen in letzter Konsequenz angetan wurde, war mir damals nicht bewusst. Ich glaube auch, dass Eva Braun nicht bewusst war, was sich in Wahrheit in den Konzentrationslagern abgespielt hat. Dass Juden und Gegner der Nazis schlecht behandelt wurden, musste sie aber so wie alle anderen auch gesehen haben. Die Bilder, wie Menschen wie Vieh in Transportzügen eingepfercht in die Vernichtungslager gebracht wurden, hat man erst nach dem Krieg gesehen.

Ich kann heute meine damalige Faszination für Hitler nicht mehr verstehen. Seine Reden von damals, die Begeisterung, die viele – und auch ich – empfunden haben, wenn er geschrien und gebrüllt hat, wenn er gelächelt hat, wenn er wild gestikuliert hat. Ich weiß nicht. Ich kann einfach nicht verstehen, warum so viele Menschen so begeistert waren.

Wie sind Sie persönlich mit der Situation des herannahenden Untergangs von Hitlers Reich umgegangen? Die Front rückte Ihrem Heimatort ja immer näher.

Eine Freundin von mir – ihr Name war Lilli – kam besorgt zu mir. Ihr Mann wollte, dass sie sofort flüchtete, weil die Russen so brutal mit Frauen umgehen würden. Er meinte, sie würden Frauen sogar vergewaltigen. »Du kannst mit uns fahren. Wir nehmen das Auto, und aus unserer Fleischhauerei nehmen wir Fleisch und Würste mit. Fahr mit uns! Du warst ja beim Hitler. Wer weiß, was die Russen erst mit dir aufführen werden, wenn sie das erfahren«, hat sie gesagt. Für mich war das eine schwierige Entscheidung, trotzdem habe ich beschlossen, nicht zu gehen. Lilli ist nach Gmunden geflüchtet.

Einige Tage später kam wieder ein Auto zu uns nach Hause, in dem Soldaten und Zivilisten saßen. Unter ihnen war Tilli, meine Lieblingscousine, die ebenfalls versucht hat, mich zum Mitkommen zu überreden. Das war alles sehr dramatisch. Ich habe neben meiner Mutter gestanden, während das Auto mit laufendem Motor vor dem Haus geparkt war. Und wieder habe ich beschlossen, hier zu bleiben. Vielleicht lag es daran, dass ich eine sehr starke Bindung zu meinen Eltern hatte. Aber ich bin in Loosdorf geblieben.

Zuletzt ist dann sogar die SS abgezogen, wobei sie noch die zwei großen Brücken über den nahe gelegenen Fluss Pielach gesprengt haben. Damit war der Rückzug des Militärs beendet. Und wir haben nur mehr auf das gewartet, was jetzt kommen würde – auf den Einmarsch der Russen.

Und wie war der Einmarsch der Russen dann?

Zuerst habe ich nur ein dumpfes, noch recht leises Dröhnen gehört, das nach einer Weile immer stärker geworden ist. Und dann war auch schon der erste Panzer zu sehen. Daraufhin habe ich mich sofort dort versteckt, wo ich schon als Kind immer untergekrochen bin: in einer Rinne zwischen zwei Hausdächern. Von dort aus habe ich die Panzer gehört, aber nach ein paar Stunden hat mir das nicht mehr gereicht. Also habe ich mich nach vorne gewagt und vorsichtig über die Dachkante auf die Bundesstraße hinuntergeschaut: eine endlose Kolonne von Panzern war vor mir. Aber plötzlich habe ich bemerkt, dass mich ein Soldat von einem Panzer aus beobachtet hat. Er hat sofort angehalten und ist ins Haus gekommen. Das war's für mich in meinem Versteck. Ich bin davongelaufen und habe noch auf der Bundesstraße gesehen, wie der Vater einer Freundin, ein angesehener Kaufmann im Ort, in völliger Verzweiflung mit einem Gewehr auf die russischen Soldaten geschossen hat. Ich habe beobachtet, wie ihn die Russen überwältigt haben. Später haben sie ihn getötet, indem sie ihn an ein Fahrzeug gebunden und kilometerweit mitgeschleppt haben. Ich bin dann noch ungefähr fünfzig Meter weitergelaufen, bis ich das Haus einer anderen Freundin erreicht habe.

Dort waren wir schon drei Mädchen, und ein weiteres aus der Nachbarschaft kam dann noch dazu. In diesem Haus waren wir fürs Erste in Sicherheit. Aber plötzlich kamen Russen herein und befahlen, alle Frauen in diesem Haus müssten zur gesprengten Brücke nach Neuhofen gehen. Also sind wir alle zu dieser Brücke marschiert. Als wir sie endlich erreicht haben, war es bestimmt schon zehn Uhr abends. Man sagte uns, wir müssten die Brücke aufbauen. Was für ein Blödsinn! Am Ende sind wir nur herumgestanden und hatten Angst, das wäre nur ein billiger Vorwand, um alle Frauen auf einem Platz zusammenzutreiben. Nach einer Weile sind wir nach und nach wieder nach Hause gegangen. Aus irgendeinem Grund hat sich nach kurzer Zeit kein Russe mehr um uns gekümmert. Danach begann dann das große Verstecken.

Und wie sah das für Sie aus?

In der ersten Nacht haben wir uns auf einem Bretterboden im Haus dieser Freundin versteckt, einem großen Fabrikgebäude mit den entsprechenden Unterschlupfmöglichkeiten. Fürs Erste haben wir uns dort sicher gefühlt. Am nächsten Tag hat uns die Mutter meiner Freundin noch Frühstück gebracht. Wir bleiben einfach da oben. Da geschieht uns ja nichts, haben wir gedacht. Aber plötzlich hörten wir Lärm und Autos und russische Stimmen: Ausgerechnet das Haus, in dem wir uns versteckten, wurde beschlagnahmt, und russische Soldaten sind eingezogen. Das Problem war natürlich, dass wir nichts mehr zu essen hatten, weil die Mutter meiner Freundin uns nicht mehr verpflegen konnte, ohne unsere Entdeckung zu riskieren. Mit der Zeit nahm das Ganze sehr skurrile Züge an. Wenn die Mutter meiner Freundin Zeit hatte, ging sie immer mit dem Hund im Hof spazieren und führte scheinbar Gespräche mit dem Hund, die wir natürlich hören konnten. Das ging ungefähr so: »Rolfi. Stell dir vor. Jetzt haben's schon wieder zwei Frauen vergewaltigt.« So haben wir eben die Schauergeschichten über diese »Hundegespräche« mitbekommen. Die Lösung sah dann so aus, dass unser Essen in eine Tasche gepackt wurde, die wir mit einem Seil runterließen, wenn die Russen gerade nicht da waren. Insgesamt haben wir uns über eine Woche dort oben versteckt. Bei mir zu Hause waren inzwischen bereits russische Offiziere einquartiert, denen unsere Mütter schon erzählt hatten, dass wir uns versteckt hatten. Diese Offiziere waren also darauf vorbereitet, dass wir in absehbarer Zeit wiederkommen würden, und sie haben unseren Müttern zugesichert, dass uns nichts passieren würde. In gewisser Weise war das ja auch ein Schutz für uns. Allerdings haben wir uns täglich den Kopf darüber zerbrochen, wo wir die Nacht zubringen wollten. Zu Hause zu schlafen erschien allen einfach noch zu gefährlich. Manchmal bin ich zum Schlafen zu Frau Haselmayer, einer Schusterswitwe, gegangen. Sie war Tschechin und konnte sich mit den Russen verständigen. Nach einigen Wochen war die Lage dann schon sicher, und es gab keine Vergewaltigungen mehr.

Aber für Sie wurde es doch noch einmal spannend. Denn in der Zwischenzeit wussten die Russen, wo Sie früher beschäftigt waren.

Das hat eine kleine Vorgeschichte. Unser Nachbar, ein Sozialdemokrat, wurde nach dem Krieg neuer Bürgermeister von Loosdorf. Eines Abends kam er zu meinem Vater und erzählte, dass ich beim russischen General angezeigt worden sei. Weil ich »beim Hitler am Berghof« gearbeitet hatte. Später wurde mir zugetragen, dass die Anzeige von denselben Leuten stammte, die mich zuvor bei Bormann am Obersalzberg angezeigt hatten. Tja, wie das Leben so spielt.

Also nach dem Motto »Wir sind keine großen Nazis, aber wir haben eine, die bei Hitler gearbeitet hat«?

Über die Motive, warum ich immer wieder angezeigt wurde, will ich lieber gar nicht erst nachdenken. Tatsache ist, dass nach dem Einmarsch der Russen wieder alle zusammenrückten. Oder sagen wir, die meisten. Der größte Nazi im Ort ist sogar zu meinem »schwarzen« Vater gekommen und hat gewissermaßen bei meiner Familie Schutz gesucht. Die hatten ja auch wahnsinnige Angst. Einige haben nach dem Einmarsch der Russen Selbstmord begangen. Eine Familie, die ich kannte, hat sich selbst völlig ausgelöscht. Unter den vielen, die diesen Weg wählten, war sogar der Primar des Melker Krankenhauses.

Und wie ging die Geschichte mit der Anzeige beim russischen General dann für Sie aus?
Unser Nachbar, der Bürgermeister, hat das geregelt. Er war beim General, hat ihm ausführlich erklärt, was es mit dieser Anzeige auf sich hat, und hat sich für mich verbürgt. Dass sie mich in Ruhe lassen könnten, weil wir eben keine Nazis waren, hat er zu ihnen gesagt, und das hat offenbar gereicht. Denn ich musste mich bei den Russen wegen der Anzeige nie persönlich rechtfertigen.

Eine Frage zum Abschluss: Wie haben Sie reagiert, als Sie erfahren haben, dass Eva Braun und Adolf Hitler zu Kriegsende doch noch geheiratet haben. Und vor allem: Wie haben Sie den Selbstmord der beiden aufgefasst?
Ich kann mich gar nicht mehr daran erinnern, woher ich überhaupt erfahren habe, dass Hitler und Eva Braun tot waren. Ich nehme an, dass ich es im Radio gehört habe. Die Nachricht, dass beide im Bunker gestorben sind, hat mich angesichts der Tatsache, dass die Russen schon vor Berlin standen, wenig überrascht. Viel überraschender war es hingegen, zu erfahren, dass Hitler Eva Braun doch noch geheiratet hat, was die ganze Zeit über ihr sehnlichster

Wunsch gewesen war. In ihren glücklichen Tagen hat sie sich das erträumt, nur konnte sie das damals eben nicht erreichen. Soweit ich weiß, wollte Hitler ja gar nicht, dass sie zu Kriegsende nach Berlin kommt. Das war ihr Wunsch. So wie es schon lange ihr Wunsch war, offiziell Hitlers Frau zu werden. Ich denke, ihr war bewusst, dass der Preis für dieses Ziel ihr Leben sein könnte. Sie war bereit, mit Hitler zu sterben.

Willi Mittlstrasser (hier links im Vordergrund), seine Frau Gretel und deren erst dreijähriger Sohn gehörten zu den letzten, die bis zum Ende am Berghof ausharrten. Aus Hitlers kolportiertem Plan, auch auf den Berghof zu flüchten, wurde nichts. Er beging gemeinsam mit Eva Braun, die er kurz zuvor ehelichte, im Bunker des Führerhauptquartiers in Berlin Selbstmord und entzog sich so seiner Verantwortung.

Und der Berghof? Was erfuhren Sie über das Ende des Obersalzberges?
Recht viel. Mein Cousin Willi hat mir erzählt, Hitler habe geplant, zu Kriegsende auf den Berghof zu flüchten. Doch zu diesem Zeitpunkt war dort oben schon alles von den Amerikanern zerbombt worden. Lediglich die SS harrte noch dort aus. Aber laut Willi war die Situation schon so dramatisch, dass sich die SS-Soldaten untereinander nicht mehr vertraut haben. Und mit jedem Tag soll dieses Misstrauen noch größer geworden sein, bis sich dann die ersten einfach abgesetzt haben. Am Ende sind die verbliebenen SS-Soldaten dann auch abgezogen. Nur Willi, Gretel und ihr 1942 geborener Sohn Klaus sind bis zum Schluss oben geblieben. Sie waren die Einzigen, die das Ende des Berghofs miterlebt haben.

Hat Ihnen der Tod Hitlers und Eva Brauns Leid getan?
Nein. Das Unheil, das Hitler in die Welt gebracht hat, ließ mich seinen Tod keine Sekunde bedauern.

Hitlers

Aufstieg und Fall im Zeitraffer

1918

Das Ende des Ersten Weltkrieges bedeutete auch jenes der Kaiserreiche Deutschland und Österreich. Laut den Friedensverträgen von Versailles und Saint-Germain-en-Laye mussten beide Länder Gebiete an die Siegermächte abtreten. Die Donaumonarchie wurde in eine Anzahl von kleinen Staaten zerschlagen. Vor allem deutschnationale Kreise trachteten danach, diese Gebietsverluste rückgängig zu machen. Viele Österreicher sahen damals ihre Zukunft als Teil Deutschlands, doch wurde ein Anschluss in den Friedensverträgen untersagt.

1919

Januar: Gründung der »Deutschen Arbeiterpartei« (DAP) durch den Schlosser Anton Drexler.

September: Eintritt Hitlers in die DAP als 55. Mitglied.

16. Oktober: Hitlers denkwürdige Rede im Münchner Hofbräukeller-Saal.

1920

24. Februar: Hitler verkündete im Münchner Hofbräuhaus-Saal das 25 Punkte umfassende Parteiprogramm der DAP. Die Umbenennung in NSDAP folgte.

1921

3. Februar: Erste nationalsozialistische Massenveranstaltung im Münchner Zirkus Krone. 6000 Menschen hörten Hitlers Rede. Die Folge waren Großveranstaltungen und ein Bekanntwerden der NSDAP in weiten Teilen Deutschlands.

1923

9. November: Putschversuch Hitlers. Vor der Feldherrnhalle in München kam es zum Zusammenstoß von Nationalsozialisten und Polizei. 14 Parteimitglieder und drei Polizisten wurden dabei getötet. Hitler und seine Mitstreiter wurden verhaftet.

1924

24. Februar: Beginn des Hochverratsprozesses gegen Hitler, Ludendorff, Röhm, Frick, Pöhner, Kriebel und vier weitere Beteiligte.

1. April: Hitler wurde in München zu fünf Jahren Festungshaft verurteilt. In der Festungshaft in Landsberg am Lech schrieb Hitler den ersten Teil von »Mein Kampf«.

20. Dezember: Hitler wurde frühzeitig aus der Haft entlassen. Während der Zeit seines Arrestes hatte er den Entschluss gefasst, auf legalem Weg zur Macht zu gelangen.

1928

20. Mai: Reichstagswahlen. 2,8 % für die NSDAP, die Partei stellte 12 Abgeordnete im Reichstag.

1930

14. September: Reichstagswahlen. Die NSDAP kam auf 18,3 % und 107 Abgeordnete.

1932

Wegen ihres Radikalismus wurden die SA und SS verboten.

Siege der NSDAP bei den Landtagswahlen in Preußen, Bayern, Württemberg und Hamburg. In Mecklenburg, Oldenburg, Anhalt und Thüringen gab es nationalsozialistische Länderregierungen.

4. Juni: Auflösung des Reichstages und Aufhebung des Verbots von SA und SS. Reichskanzler Franz von Papen bildete das »Kabinett der nationalen Konzentration«, das eine reine Präsidialregierung war.

31. Juli: Reichstagswahlen. Die NSDAP wurde mit 230 Abgeordneten stärkste Partei. Reichspräsident Hindenburg lehnt Hitler als Reichskanzler ab.

6. November: Reichstagswahlen. Verluste der NSDAP, die auf 196 Sitze im Reichstag zurückfiel.

1933

4. Januar: Vereinbarung zwischen Hitler und von Papen zur Bildung einer gemeinsamen Regierung.

22. Januar: Hindenburg konnte für Hitler gewonnen werden.

30. Januar: Hitler wurde zum Reichskanzler ernannt.

27. Februar: Reichstagsbrand. Verordnung zum »Schutz von Volk und Staat«.

24. März: Das »Gesetz zur Behebung der Not von Volk und Reich« (Ermächtigungsgesetz) beinhaltete den Übergang der Legislative auf die Exekutive.

1. April: Mit einem Boykott jüdischer Geschäfte ging das Regime erstmals organisiert gegen jüdische Mitbürger vor. Wenig später wurden sämtliche jüdischen Beamten aus dem Staatsdienst entlassen.

17. Mai: Auflösung und Verbot von Parteien und Gewerkschaften. Deutschland wird zum Einparteienstaat.

19. Juni: Verbot der NSDAP in Österreich.

1. Dezember: Durch das »Gesetz zur Sicherung der Einheit von Partei und Staat« wurde die NSDAP Staatspartei.

1934

Januar–April: Durch einige Gesetze wurden in den Ländern Reichsstatthalter eingesetzt, die die Länderregierung ernannten und die Länderparlamente beseitigten.

Juni–Juli: Die Angst vor einer sozialistischen Revolution und der Verschmelzung von Reichswehr und SA führte zur Ermordung des SA-Chefs Ernst Röhm und der SA-Führung, der die Liquidierung von politischen Gegnern folgte. Per Gesetz wurden die Morde als Staatsnotwehr für rechtmäßig erklärt.

25. Juli: Nationalsozialistischer Putschversuch in Österreich. Die Erstürmung des Bundeskanzleramts endete in der Ermordung von Kanzler Dollfuß. Die Mörder Planetta und Holzweber wurden nach einem beschleunigten Gerichtsverfahren zusammen mit fünf weiteren Verschwörern hingerichtet.

2. August: Hitler ließ nach dem Tod von Reichspräsident Hindenburg die Reichswehr auf sich persönlich vereidigen.

19. August: Nach einer erfolgreichen Volksabstimmung wurden die Ämter des Regierungschefs und des Staatsoberhauptes unter der Bezeichnung »Führer und Reichskanzler« vereinigt.

1935

15. September: Auf dem Reichsparteitag wurden die Nürnberger Gesetze beschlossen. Der jüdischen Bevölkerung wurde das Bürgerrecht entzogen. Eheschließungen zwischen Juden und Ariern wurden verboten, Geschlechtsverkehr unter diesen beiden Gruppen als Verbrechen der Rassenschande deklariert. Weiters wurde Juden die Ausübung einer Reihe von Berufen untersagt.

1936

7. März: Nach Kündigung des Locarno-Vertrages besetzte Deutschland das entmilitarisierte Rheinland.

11. Juli: Juli-Abkommen zwischen dem Deutschen Reich und Österreich zur Wiederherstellung freundschaftlicher Beziehungen.

1937

November: Nachdem die »Eroberung neuen Lebensraumes« zum ersten Ziel der NS-Politik geworden war, enthüllte Hitler in der Führerkonferenz seine Kriegspläne.

1938

12. Februar: Im Berchtesgadener »Abkommen« diktierte Hitler dem österreichischen Kanzler Schuschnigg Generalamnestie und freie Betätigung für österreichische Nationalsozialisten, die Ernennung Seyß-Inquarts zum österreichischen Innenminister und die Anpassung der österreichischen Wirtschafts- und Außenpolitik an die des Deutschen Reichs.

11. März: Nach dem erzwungenen Rücktritt Schuschniggs wurde Seyß-Inquart Bundeskanzler einer nationalsozialistischen Regierung in Österreich. Zwei Tage zuvor hatte Schuschnigg eine Volksabstimmung für ein unabhängiges Österreich für den 13. März anberaumt.

12. März: Einmarsch der deutschen Truppen in Österreich.

15. März: Hitler am Heldenplatz in Wien.

29. September: Münchner Konferenz zwischen Hitler, Mussolini, Chamberlain und Daladier über die Abtretung des Sudetenlandes, das am 1.10. besetzt wurde.

9. November: Auf die Ermordung des deutschen Gesandtschaftsrates Ernst vom Rath durch einen Juden in Paris antwortete das Naziregime mit einem Pogrom gegen die jüdische Bevölkerung. In der so genannten »Reichskristallnacht« wurden fast alle Synagogen im Deutschen Reich zerstört, zahlreiche jüdische Geschäfte und Wohnungen wurden demoliert und an die 100 Juden ermordet. Der jüdischen Bevölkerung wurde eine »Sühneleistung« von 1 Milliarde Reichsmark aufgezwungen. Jüdische Rechtsanwälte und Ärzte durften nicht mehr für nichtjüdische Klientel tätig werden.

1939

16. März: Der Liquidierung der Rest-Tschechei folgte die Errichtung des »Reichsprotektorates Böhmen und Mähren«.

22. Mai: Der Freundschafts- und Bündnispakt mit Italien (»Stahlpakt«) war der Beginn einer Reihe von Abkommen des Deutschen Reichs mit anderen europäischen Staaten.

23. August: Im deutsch-sowjetischen Nichtangriffspakt wurden die beiderseitigen Interessensphären festgelegt. Der Vertrag war eine wichtige Voraussetzung für den Überfall auf Polen.

1. September: Beginn des Zweiten Weltkrieges durch den Einmarsch deutscher Truppen in Polen, das mit Großbritannien einen Bündnisvertrag abgeschlossen hatte.

21. Oktober: Deutsch-italienisches Umsiedlungsabkommen über Südtirol.

1940

Im Dreimächtepakt zwischen dem Deutschen Reich, Italien und Japan wurden eine Neuordnung Europas und Ostasiens sowie die Verpflichtung zur gegenseitigen Hilfeleistung festgelegt. Dem Pakt traten später Ungarn, Rumänien, die Slowakei, Dänemark, Finnland, Nanking-China, Bulgarien und Kroatien bei.

Mai–Juni: Im Westfeldzug wurden Belgien, die Niederlande und der Großteil Frankreichs mit Paris besetzt.

22. Juni: Im Waffenstillstand von Compiègne wurde Frankreich in ein besetztes und ein unbesetztes Gebiet geteilt.

1941

22. Juni: Beginn des Russland-Feldzuges. Rumänien, Italien, die Slowakei und Ungarn traten in den Krieg ein.

5. Oktober: In einer Geheimaktion flog Rudolf Heß nach Großbritannien, um mit den Briten Friedensverhandlungen aufzunehmen und sie von einem gemeinsamen Vorgehen gegen die UdSSR zu überzeugen. Von Hitler wurde Heß daraufhin zum Psychopathen erklärt.

1942

20. Januar: In der Wannsee-Konferenz wurde die bereits seit Ende 1941 in Polen erprobte Massenermordung der Juden beschlossen. Zu diesem Zweck wurde eine Reihe von Konzentrationslagern in Vernichtungslager umgewandelt bzw. neu errichtet. Juden aus allen Teilen des von den Nazis besetzten Gebietes wurden in Sondertransporten dorthin gebracht. Namen wie Belzec, Sobibor, Treblinka, Auschwitz und andere stehen für die Massenvernichtung von Millionen von Juden.

1943

2. Februar: Kapitulation der deutschen Truppen vor Stalingrad.

18. April–16. Mai: Der Aufstand im Warschauer Getto wurde von der Waffen-SS blutig niedergeschlagen. Erstmals setzten sich Juden gegen ihren sicheren Tod in den Vernichtungslagern zur Wehr, obwohl nicht die geringste Chance auf einen Sieg bestand.

13. Mai: Kapitulation der deutschen und italienischen Truppen in Nordafrika.

25. Juli: Sturz Mussolinis. Der Duce wurde abgesetzt und verhaftet, zwei Monate später aber von den Deutschen befreit.

1944

20. Juli: Das Attentat auf Hitler im ostpreußischen Führerhauptquartier »Wolfsschanze« durch Oberst Graf Schenk von Stauffenberg misslang. Rund 200 Mitbeteiligte wurden hingerichtet und die Sippenhaftung über ihre Angehörigen verhängt.

1945

4.–11. Februar: Dreimächtekonferenz in Jalta. Stalin, Churchill und Roosevelt verhandelten über ein Europa nach der Befreiung von Nazi-Deutschland.

28. April: Kapitulation der deutschen Armee in Italien. Mussolini wurde bei einem Versuch, in die Schweiz zu fliehen, von Partisanen erschossen.

30. April: Kurz nach der Hochzeit Hitlers mit Eva Braun begingen die beiden im Führerbunker in Berlin Selbstmord. In seinem politischen Testament setzte Hitler Admiral Karl Dönitz als Reichspräsident und Oberbefehlshaber der Wehrmacht und Joseph Goebbels als Reichskanzler ein.

9. Mai: Kapitulation der Deutschen Wehrmacht.

23. Mai: Absetzung und Verhaftung der Regierung Dönitz.

Augenzeugen des Untergangs

Elke Fröhlich

Als die Erde brannte

Deutsche Schicksale in den letzten Kriegstagen

Zwölf ungewöhnliche und eindrucksvolle deutsche Schicksale in den letzten Tagen des »Dritten Reiches«:

- Ein Telefonist, der über die letzten Stunden im »Führerbunker« erzählt.
- Eine Familie, die in Dresden die Flächenbombardements der Alliierten erlebt.
- Tod an der Bernsteinküste: ein Augenzeuge berichtet von einem kurz vor Kriegsende begangenen Massaker der SS.
- Eine junge Jüdin in Auschwitz, die den Gaskammern entrinnt, weil sie Akkordeon und Blockflöte spielt.

Leid, Schrecken und Erlösung – authentische Zeugnisse vom Ende der nationalsozialistischen Herrschaft.

Knaur Taschenbuch Verlag